幼儿园新手教师指导手册

王芳　等　著

中国轻工业出版社

图书在版编目（CIP）数据

幼儿园新手教师指导手册／王芳等著．—北京：
中国轻工业出版社，2018.3（2023.9重印）
ISBN 978-7-5184-1798-8

Ⅰ．①幼…　Ⅱ．①王…　Ⅲ．①学前教育－教学
参考资料　Ⅳ．①G612

中国版本图书馆CIP数据核字（2017）第312687号

责任编辑：王慧超
策划编辑：高　君　　　　责任终审：张乃柬
责任校对：刘志颖　　　　责任监印：吴维斌

出版发行：中国轻工业出版社（北京东长安街6号，邮编：100740）
印　　刷：三河市鑫金马印装有限公司
经　　销：各地新华书店
版　　次：2023年9月第1版第5次印刷
开　　本：710×1000　1/16　印张：16.5
字　　数：150千字
印　　数：13001—15000
书　　号：ISBN 978-7-5184-1798-8　定价：48.00元
读者热线：010-65181109，65262933
发行电话：010-85119832　传真：010-85113293
网　　址：http://www.chlip.com.cn　http://www.wqedu.com
电子信箱：1012305542@qq.com
如发现图书残缺请拨打读者热线联系调换
171420Y1X101ZBW

编 者 名 单

王　芳　　陈慧虹　　叶小红

倪慧芳　　陈　娴　　金丽君

林黎佳　　姚明敏　　何婷婷

前　言

随着幼儿教育事业的不断发展，每年都会有很多新教师加入幼儿园教师队伍。初入职的新教师都会感到盲然，不知从哪里着手、不知如何定位自己、不知如何把学校学到的东西用于实践、不知如何与孩子打交道、不知如何与同事和家长交流……那么，面对诸多困惑，新教师该如何解决？《幼儿园新手教师指导手册》这本书给出了接地气的答案。这本书的编写者都是富有经验的优秀教师，她们中有特级教师、资深园长，还有教研组长、保健医师。她们都有10多年的工作经验，她们接待过一届又一届新教师，她们对新教师有满满的爱和期待。当然她们自己也曾是新教师，她们对新教师面临的问题感同身受。

这本书的编写初衷就是：给新教师指点迷津一定要实在、实用。因此这本书没有高大上的语言，没有很多晦涩的理论，更多的是贴心的话语、生动的案例、手把手的实操指导。本书以一位幼儿园新教师开始工作可能遇到的各种问题为线索，把新教师可能遇到的每一个问题作为一个章节，重点加以阐述。

新教师要从理解自己的职业开始，入职前，你要对自己的工作有一定的了解，为自己找到合适的定位。当你正式工作，走进一所幼儿园时，首先你要了解这所幼儿园的办学理念、文化特色——尽管你不一定要马上理解，但它是幼儿园的灵魂。同时，你要理解所在幼儿园的课程体系，因为你马上就会在教室中实践这样的课程体系。紧接着，你要了解所负责的班级，理解工作流程和工作要求，这里面包括很多细节，比如：

- 在接手新的班级时，你要熟悉孩子，对孩子进行家访，那么，面对家长不知所措时怎么办？这本书会告诉你家访的ABC。
- 如果你带的是新小班，那么，开学第一天你可能不知道如何面对一群哭闹的孩子和焦虑的家长，别急，这本书会告诉你如何面对。
- 如何组织幼儿的一日生活环节呢？这本书会告诉你组织幼儿生活活动、游戏活动、教学活动、体育锻炼的一般方法。
- 环境布置是幼儿园老师的基本功，当你在这方面产生困惑时，这本书也会给你手把手的指导。
- 新教师对家长工作多少都有点发怵，这本书和你一起探讨多元的家园沟通方式。
- 进入一所幼儿园，你会遇到领导、同事，如何与不同的人相处呢？这本书还会教你一些人与人之间的相处之道，帮助你做好团队中的自己。
- 别忘了幼儿园是保教并重，这本书还为你详细讲解了必备的卫生保健与安全知识。

总之，如果你是新教师，那么当你细细读完这本书后，一定会有收获，对你在新单位开展工作也一定会有帮助。

本书的编著者均来自浙江师范大学幼教集团。浙江师范大学幼教集团有60多年的办园历史，是浙江省著名幼儿园。我园以“爱与尊重”为基石，以“把幼儿园还给孩子，把孩子还给他自己”作为我们的教育追求，以“情感为核心的托幼一体化课程”作为我们的园本课程。在实际工作中，我们把“爱与尊重”体现在具体的教育教学行为中，并深入精神层面，平等对待幼儿，尊重幼儿的天性。

本书的编写分工如下：第一章由王芳撰写，第二章由王芳和陈慧虹撰写，第三章由叶小红撰写，第四章由陈慧虹和王芳撰写，第五章由倪慧芳撰写，第六章由陈娴撰写，第七章由金丽君撰写，第八章由林黎佳撰写，第九章由姚明敏撰写，第十章由何婷婷撰写。在撰写本书的过程中，我们还得到很多教师的支持，在此，对他们表示感谢。

最后，希望这本经过一次次修改、完善的《幼儿园新手教师指导手册》能对你有所帮助，能让你在幼教的道路上走得扎实、走得更远。

王芳

2017年11月

目　录

第一章

尽你可能成为最棒的老师

你即将成为一名幼儿教师，教师是一份特殊的职业，幼儿教师更是特殊。因为你面对的是不成熟的孩子，他们需要关爱，需要榜样，更需要指导。作为新教师的你一定要有足够的思想准备，孩子会给你带来很多快乐，也会给你带来各种困扰。你既要有无限的爱，也要有很高的专业水平，才能应对孩子们给你带来的种种挑战。无须害怕，只要积极应对，你就能成为最棒的老师，做最好的自己。

1. 即将成为幼儿园老师的你

作为一名在幼儿教育岗位工作30多年的老教师，我真诚地欢迎你加入幼儿园教师队伍。下面，请允许我以一名老幼教人的身份来和你聊聊幼教的一些事。

你即将成为幼儿教师，主要教授3—6岁的孩子。当然，随着学前教育事业的发展，你可能也需要关注0—3岁的孩子，你要有这样的心理准备。

首先，谈谈我们的教育对象——幼儿。他们正处于人生的开始阶段，这是一个独特的阶段，也是一个有特殊意义的阶段。虽然他们发育快速，但是一切尚未成熟。

学龄前幼儿的身体生长发育不成熟

有些幼儿吃饭、睡觉、上厕所都不能独立完成，在幼儿园就需要教师的帮忙。所以，幼儿教师有一项独特的使命，那就是对幼儿实施保育。幼儿园有保育和教育并重的责任，幼儿教师同时也是“代理妈妈”，需要耐心地照顾幼儿的吃、喝、拉、撒、睡等生活起居。有的新教师可能会问：“幼儿园不是有保育员吗？他们可以照顾幼儿的生活啊！”保育员会照顾，但是需要幼儿教师一起参与。所以，你要给幼儿穿衣服、给幼儿喂饭、协助幼儿上厕所，等等。

学龄前幼儿的心智发育不成熟

幼儿在家备受父母的宠爱，在幼儿园需要教师的关爱，才能建立新的安全依恋。有些幼儿因各种原因从小缺乏安全感，更需要教师给予更多的关爱。所以，你一定要爱孩子。当然，这样的爱不是浮于表面的，而是发自内心的。有些新教师可能会想，“我从小就喜欢孩子，肯定没问题。”喜欢孩子是一件好事，但幼儿教师对孩子的爱是“教育爱”，需要持之以恒，需要公平接纳每一个不同的个体，而不是根据自己的喜好区别对待。你不仅要喜欢孩子，而且要把对孩子的喜爱转化为对孩子成长的期待和自我成长的动力，用高质量的专业水平真正地爱孩子，将表面的爱转化成深层次的爱。有些新教师会想，“我现在没那么喜欢孩子，是不是就不能当幼儿园老师了？”那倒不是，但你的确需要培养对孩子的爱，从一入行就开始，尝试着喜欢孩子的笑容，喜欢孩子天真烂漫的性格，接纳孩子的调皮，慢慢让自己爱上孩子。如果你真的不喜欢孩子，那么你的职业生涯会走得比较辛苦。

你初到幼儿园，要说具有多高的专业水平，还为时过早。但如果你对孩子有足够的爱，那么对你的职业生涯开始阶段会有很大的帮助。我园有一位年轻的新教师，她的学历并不高，刚来幼儿园，就被安排接手一个老的班级。看看这个班级的博士、硕士家长们，说实话我都替她捏一把汗。但是，一年下来她赢得了孩子和家长的信任。这不仅是因为她的专业水平，更是因为她对孩子付出的爱。她接纳爱护每个孩子，不压制调皮捣蛋的孩子，不歧视发展滞后的孩子，经常抱抱他们、和他们说说话、和他们没大没小地玩。她热心为家长服务，对于家长早送晚接毫无怨言。

对于教师的专业成长，我们要有一个等待的过程，但教师对孩子的爱不能等，从入职的第一天就必须全力付出。

学龄前幼儿的思维发展有其特殊的规律

你在学校已经学习过有关儿童心理学的知识，对于这方面肯定已有所了解。学龄前幼儿处于直觉行动思维和具体形象思维阶段，所以他们是在玩中学、在做中学、在生活中学的。这就决定了幼儿园会有很多游戏时间，游戏是幼儿的基本活动。幼儿园的集体教学活动，也是幼儿园的主要教学方式之一。受传统观念的影响，有些人可能会认为，好老师就是会上课的老师，会上课的老师就是好老师。这样的想法有些片面，幼儿教师不仅要会上课，而且要会组织孩子们的生活与游戏。在幼儿园，一日生活皆课程。

社会上很多人对学前教育的认识并不全面。有些人认为，幼儿园教育就是教点简单的知识，教孩子唱唱歌、跳跳舞、念念儿歌，帮助他们为快快乐乐上小学做好准备就行。你认为这样的认识正确吗？幼儿园到底要教点什么呢？我想，你一定知道幼儿教育没那么简单——不仅仅是一些简单的知识与技能。在幼儿园，幼儿的学习内容分为五大领域，即健康、语言、社会、科学和艺术。这里给大家介绍一下教育部发布的《3—6岁儿童学习与发展指南》（以下简称《指南》）。它是幼儿教师必须熟读并不断践行的文件。《指南》告诉我们幼儿阶段的孩子要学什么，提出了3—6岁儿童学习与发展的目标和建议，告诉家长朋友们3—4岁、4—5岁、5—6岁的孩子应该知道什么、能做什么和大致能达到什么发展水平。进入幼儿园工作，你必须反复阅读《指南》，要深刻领会《指南》的精神。

社会上很多人认为幼儿园老师最好当，认为学前教育不具备多少专业性。其实幼儿教育具有很强的专业性，我们需要懂许多知识和技能。我在幼教领域已经工作了30多年，并没有觉得自己多么优秀，相反，我越来越觉得自己学得不够，做得还不够好。对于这一点，你需要慢慢去体会。

家长把他们的宝贝孩子交给我们，我们要格外珍惜、格外重视，用我们的爱和专业水平回馈家长对我们的信任。

2. 你可能会遇到的难题

每个人初入职场都会遇到各种各样的问题。作为新教师的你可能会想，为什么一上来就谈困难，是要来一个“下马威”吗？

我觉得一进入职场，你就应学会客观理性地看待问题、判断问题。社会上很多人说幼儿教师是天使，幼儿教师是阳光般的职业。是的，我们的教育对象是天真烂漫的孩子，我们要像天使一样去关爱他们。但在教育实践的过程中，你会遇到很多问题，你要有足够的心理准备，这样才能在将来更好地去面对和解决问题。

第一，你可能会遇到如何管理孩子的问题。你管理的不是一个孩子，而是一群孩子，而且每个孩子的个性不同，行为方式不同，这对你来说是一项挑战。30多年前我刚工作时，最头疼的就是孩子不听话，我发出的指令他们不听，我要高声命令，他们才会安静片刻。带领孩子们做游戏，前面队伍刚排好后面就散了；后面队伍排好了前面又散了，孩子们排个队把我累得满头大汗。就这样我跟孩子们“斗智斗勇”过了三年，才终于学会了管理孩子。

最让你感到害怕的可能是个别孩子的问题。每个班总会有一两个需要格外关注的孩子，他们可能调皮捣蛋、不听指挥、无所事事，游离在活动之外、总跟其他小朋友发生肢体冲突，还有可能跟你没有情感交流，自说自话沉浸在自己的世界。对于这样的孩子，你可能会束手无策。这很正常，千万不要为此否定自己。遇到这样的孩子，哪怕老教师也不一定有好办法。我曾经遇到过这样一个孩子，老师要求他去睡觉，他不听。老师过去拉他的手带他去，他也不肯。非但如此，他嘴里还说着“我要杀了你，我要杀了你”，老师听了心惊肉跳。

第二，有些新教师非常害怕自己上不好课。的确，你在学校学的是上课的基本方法，而要上好课需要更多的实践与反思。我刚给孩子们上课时，只会干巴巴地提几个问题，孩子们根本不感兴趣，一节课很快就上完了，到课尾就不知该说些什么了。看老教师上课上得有滋有味，我心里觉得特别沮丧。其实不必如此，每位新教师都要经历这样一个过程。

第三，环境布置是很多新教师一入园就要面临的问题。有的新教师心里发怵，不知道从哪里下手，担心自己美术功底不扎实。幼儿园的确需要美的环境，因为美的环境可以给孩子美的熏陶。所以，幼儿教师要懂色彩、懂构图。此外，布置幼儿园班级环境，不仅包括创设主题墙，还包括添置操作材料，以引发幼儿的游戏行为。

有一年我们刚办托班，想要发展孩子们的小肌肉运动能力，所以就准备了很多细细小小的珠子让孩子们穿。没想到珠子上的眼儿太小了，孩子们因为总穿不上而逐渐失去了耐心；另外，因为他们没有养成良好的操作习惯，所以动不动就把整筐玩具倒在地上，导致教师收拾起来非常麻烦。后来，我们把材料换成了大珠子，这种事就没再发生过了。

第四，害怕跟家长交流也是新教师面临的一个主要问题，主要是因为他们不知道跟家长说些什么。家长每天早上送孩子入园和下午接孩子回家时，总想跟老师聊几句，以了解孩子在幼儿园的情况。新教师刚工作，对每个孩子的情况可能不是很了解，再加上观察得不细致，担心家长询问时自己答不上来或者回答得不准确惹家长不高兴，所以干脆躲在老教师背后。尤其当孩子意外受伤时，新教师可能既内疚又害怕，更不敢跟家长交流。

记得我刚工作的第一年，那时我自己也像个孩子一样，每天把班级带得乱糟糟的。其中，有一个叫彤彤的男孩很调皮。有一天，他和另一个小朋友抢皮球，不小心摔倒了，膝盖撞在栏杆上，磕了一个口子，缝了三针。

下午离园时间，我胆战心惊地将彤彤交给他爸爸，并描述了事情发生的经过。没想到他爸爸说："王老师，没关系，男孩调皮，难免会摔跤。"我感动于家长的宽容与理解，也暗暗发誓：一定要当一名好老师，认真照看好每一个孩子，尽量不让他们在幼儿园受伤。

第五，初来乍到，新教师也会担心和同事的关系处理不好，怕遇到不好相处的搭班老师和保育员，更怕遇到严厉的园长。进入职场，你一定会遇到人际关系方面的问题。你可能会遇到友好温暖的同事，也可能会遇到很难相处的同事；在工作中你可能得到别人的赏识，也可能受到不公正的对待。

进入职场，新教师遇到的问题各不相同，既有专业上的问题、人际沟通的问题、家园沟通的问题，也有自己生活上的问题。但是，你也不要把职场想得过于可怕。你会遇到困难，也会体验到很多美好。我们把困难想在前面，是为了让自己做好充分的心理准备；在重视问题的同时，学会藐视它。

3. 你的职业幸福感

你知道吗？作为一名幼儿园新教师，你会遇到很多困难，但是同时你也会拥有很多幸福感和成功感。职场不就是克服困难获得成功和幸福感的地方吗？

幼儿园新教师面临的最大问题来自孩子，幸福感同样来自孩子。我们的教育对象天真可爱，他们稚气的语言、"鲁莽"的行为会给我们带来很多欢乐。也许我之所以爱上学前教育，就是因为那些让我忘不掉的可爱的孩子们。"王老师，你的头发很漂亮！""王老师，你来帮我一下！""王老师，你浇花的方法是错的，要从花的头上往下浇。你看我们的嘴巴都长在头上，你浇在花的下面，它怎么喝得到水呢？”“王老师，你好胖，应该减肥。”“园长妈妈，你一会儿再过来看看我。”…… 天天跟他们在一起，看着他们的可爱举动，听着他们的童言稚语，我的嘴角也不自觉地翘起来。

当然，幼儿教师的幸福感更多来自孩子的需要和他们的进步。很多教师会跟我交流孩子们的进步表现，她们说的时候眉飞色舞。老师们凑在一起谈论最多的也是孩子，她们总是会情不自禁地想与别人分享孩子的点滴进步。

我园有一位新教师，她班上有一个孩子平时在幼儿园不肯开口说话。老师们想了各种办法，包括平时多观察、下班和保育员一起留下来讨论观察的情况、查阅各种资料、向专家请教，等等。功夫不负有心人，有一天，孩子终于开口说话了。那天，老师和保育员都哭了，不过这是幸福的眼泪，孩子的成长让老师备感幸福。

有时，幼儿教师的幸福感也来自家长。家长的宽容、理解、信任会给老师带来感动与幸福。记得我刚工作时，班上有一个男孩，他有很多坏毛病，比如，睡觉咬被子，吃饭抢别人碗里的，稍不注意就咬别人一口，还会把小朋友的毛巾全部丢到厕所里。面对这样的孩子，家长很无奈。他们把信任的目光投向我：“王老师，帮帮我们。”虽然我心里也没底，但是他们的信任便是我行动的动力。后来，我和家长一起努力帮助孩子改正了问题。

幼儿教师的职业幸福感还来自你在工作中遇到的人。在职业道路上，你可能会遇到一个重要他人，当你在人生或专业上感到迷茫时，她会给予点拨，让你豁然开朗。这个人可能是你的园长，可能是你的同事，也可能是园外的专家。 20多年前我刚当园长时血气方刚，在没有分析我园现状的情况下，推出了一系列所谓的改革措施。结果，老师们难以接受，纷纷闹情绪。当时，我很痛苦和绝望，不知该如何是好。那时，我正好在读教育管理学课程，我的导师说："管理理论一定要与自己的实际相结合，合适的才是最好的。"她的一句话点醒了我，让我不要抱着所谓的先进管理模式不放。于是，我马上调整措施，最后总算渡过难关，获得老师们的支持。我想，我的教育管理学导师就是我的重要他人，因为她，我不仅获得了管理经验，而且拥有了小小的幸福感。

幼儿教师的幸福感还源于自己在职业道路上获得的成长和专业上的进步。上了一节成功的公开课、写了一篇小小的论文、一个观点得到同事的认可，等等，都可能给自己带来小小的成功体验，这也是身在职场的重要意义。

我参加工作不久时上过一堂公开课：比较球体和圆柱体。按照常规，我只要出示两种物体，让幼儿分别认识一下，再让他们找找两者的不同就行了。可我总觉得这样上课孩子不会感兴趣，又没什么挑战性。于是，我一直在琢磨这堂课应该怎么上。

有一天，电视里正在播放足球比赛。我突然想到，为什么不让孩子们思考一下足球为什么是球体，而不是圆柱体呢？圆柱体也会滚动啊！于是，在课堂上我先让孩子们用橡皮泥捏了一个球体，又把一张长方形纸卷成一个圆柱体。然后，我让孩子们边玩边想：足球为什么是球体而不是圆柱体，装饮料的易拉罐为什么是圆柱体而不是球体呢？孩子们讨论得特别起劲，他们在解决问题的过程中充分理解了球体和圆柱体的不同特点。没想到这堂公开课反响很好，很多观摩的老师因此记住了我，评价我数学课上得好。他们的评价带给我很大信心和成就感，促进了我日后的专业成长。

幼儿教师是社会上的普通职业，不可能赚很多钱，也不可能获得重大的成就，但这份职业带给我们的却是实实在在的幸福。

4. 努力成为最好的自己

你即将成为幼儿教师，你会体验到这份职业带来的各种酸甜苦辣。你在这份工作中的付出，决定了你将来可能会得到的收获。你们都是有思想的年轻人，我不想把你们未来的职业描述得过于美好，而是想实事求是地告诉你们这个职业的特点、新入职可能遇到的困难和这个职业带给我们的幸福感。本节我想说的是职业的使命感和责任感。我们可以选择职业，但是入职以后的态度不能选择，幼儿教师这个职业面对的是孩子，容不得半点马虎。有句老话说得好，“干一行，爱一行”。我们每一个新教师都要爱上幼儿教育，爱上孩子，在幼教行业里做最好的自己。

做最好的自己不是一蹴而就的。人生是一个不断努力、逐步绽放的过程，职业成就也是如此。入职伊始，每个新教师都要对自己有明确的职业定位，定个小目标，有合适的理想，这是非常必要的。最好不要有这样的想法：反正我是个新老师，领导也不会对我有高要求，应付应付再说吧。对自己要求不严格，总是等等再说，看看再说，这样不知不觉就会错失很多机会。给自己一个相对准确的定位，让自己有努力的方向，有前进的动力，这是很好的事情。

记得30多年前，在幼儿师范学校毕业前的一次动员大会上，作为班长，我为了鼓舞大家的士气，表示自己的决心，在发言时夸下海口：“我们班级在20年后一定会出现一个特级教师。”其实那时，我根本不知道什么是特级教师。16年后，当我站在特级教师的领奖台上时，我问自己：“我就是特级教师吗？”我真真正正地感觉自己与心中的特级教师相差太远，觉得自己还需不断努力。这件事说明，在内心对自己有一个定位是很必要的，不一定是特级教师，而是当一名优秀的教师。“不想当将军的士兵不是好士兵。”虽然不可能人人都当将军，但人人都要有理想，甚至是梦想。

要想实现理想，就必须付出努力，否则就真的只是一个梦想。对于一名新入职的教师来说，理想之路还很漫长，脚踏实地一步一步努力才是硬道理。很多教师可能会问：“怎样才算努力？又怎么努力？”首先，对待工作要有认真的态度。面对各种各样的事情，你是懒洋洋地去应付，还是积极主动地去完成，其结果肯定不一样。

有所幼儿园来了一批新教师，园长把他们分到各班。有的新教师毫无怨言，马上积极投入工作中；有的新教师则在心里比来比去，看哪个班好，觉得自己吃亏，心里不平衡，其工作积极性大打折扣。正好9月10日教师节，区里要请一位新入职的教师发言。老师们刚入职，园长也看不出谁更合适，就选了工作态度最好的那位新教师做发言代表。

上述案例中，发言是小事，我们要看到成长和锻炼的机会。园长选择人时，首先权衡的是教师的态度。有些新教师斤斤计较，只把分内事做好，其他的事不多做一分。其实，幼儿园是一个团队，有时不能完全区分得这么细，需要大家相互协作。记得我刚带班时，我和搭班老教师做完分内的工作后，就帮助保育员拖地，整理小朋友的棉被。没想到保育员非常感动，说我们不计较、不怕脏。之后我们班三位老师合作得非常好，工作不分你我，大家抢着干，不计较不抱怨，因此整个小团队得到了家长的信任。

努力工作，还表现在面对问题时想办法解决，让问题变得不是问题。当然，之后我们还会遇到新的问题，我们就是在不断解决问题的过程中努力成长的。记得工作的第一年，我带的是一个小班，与我搭班的是一位非常优秀的教师，可惜她刚带我两个月就休产假了。因为我初来乍到，班里的小家伙们都“欺负”我，好好的一堂课经常被他们吵得乱七八糟，最后以我火冒三丈结束。每天晚上备课时，我都会想各种“对付”他们的办法。就这样，我每天跟他们“斗智斗勇”，他们成长了，我也在跟他们的“斗争”中懂得了很多接近孩子、了解孩子的办法。

当然，努力解决问题的过程还需要我们运用智慧，而智慧来源于学习、反思与尝试。工作之余，我们要通过看书、查资料和不断进修，整体提高自己的专业水平和解决问题的能力。此外，我们还可以通过模仿或请教前辈进行学习。师幼互动的很多策略只可意会不可言传，有些方式在书本上难以找到，我们就要多向老教师请教，多观察、多模仿，“偷偷学艺”。入职之初，当得知带我的老教师再过两个月就要休产假时，我担心以后没有人可以请教，于是在这两个月时间里，我天天待在班里，学习老教师的带班方法。轮到我自己带班时，我就采用她的办法，行不通就请教他人。要解决问题，就要大胆尝试，不要因为怕出错就小心谨慎，不敢迈步。

做最好的自己还要有良好的心态，因为付出努力不会马上就有结果。我们需要不断等待，既要等待自己的进步，又要等待别人对你的认可。我所在的幼儿园其办学理念之一是要求老师们“平和利他”。在当今浮躁的社会，做到这一点很难，但很有必要。作为教师，我们对待孩子要有“牵着蜗牛去散步”的心态，等待他们的成熟。对我们自己也是如此，不要把结果看得太重，平和地对待自己，平静地接纳同事，看到同事的努力与付出。做最好的自己不是跟别人比较，而是跟自己比。只要你在职业成长的每个阶段都不断努力并取得进步，你就是在做最好的自己。

第二章

走进快乐的幼儿园

进入幼儿园，作为新教师的你要尽快熟悉幼儿园的方方面面。你既要理解幼儿园的办学理念、文化特色、课程体系，也要了解具体的规章制度、管理方法。当然，你更要了解自己所带的班级以及幼儿园工作的流程等。你一定要有开放、接纳的心态和虚心好学的态度来迎接新的工作，面对新的挑战。

1. 迎面而来的口号

当你走进幼儿园时，首先映入眼帘的可能是墙上的一句口号，比如，“爱与尊重”“为了孩子的一切”“温馨、诗意、自由”等。你可别小看这句话，这很有可能就是你所在的幼儿园的办学理念。新老师可能会问：“什么是办学理念？它们是从哪里来的？”

办学理念，是指办学者在教育规律和社会发展客观规律的指导下，对办学理想的追求，是办学者对为什么办学、办什么样的学校、如何办学等一系列问题的比较系统、成熟的思考和认识。办学理念是一所幼儿园办学的灵魂，是幼儿园持续健康发展的根本。你看见的墙上的文字，有可能就是你所在的幼儿园园长和老师们共同达成的办学理想。

一所幼儿园的办学理念必须让幼儿园的所有教师都能理解，成为教师思想观念的一部分。所以当你看到墙上的文字时，要高度重视。也许你不能完全理解其内涵，但要学着慢慢去体会。

你可以登录幼儿园网站，浏览幼儿园对外的宣传语与介绍，上面一般会有关于办学理念的解读。有些园长会在新教师入职培训或工作会议上谈到办学理念。你也可以请教老教师，看他们是怎样理解办学理念的。当然，最好是在机会合适的时候当面向园长请教。

很多新教师可能会问：“办学理念高高在上，是园长要考虑的事，跟我们老师有什么关系？办学理念仅仅是一句口号，又不是教案，我们该怎么用呢？”办学理念并不是虚幻的标志，而是幼儿教师共同的价值追求和理想信念。教师是实施办学理念的主体，任何教育理想和理念的贯彻与落实都要依靠教师。所以，每个教师都要理解幼儿园的办学理念，把办学理念当成大家的共同愿景，并把它融入日常的教育教学行为之中，进而引导和影响孩子的成长与发展。

下面，我以我所在的幼儿园的办学理念为例来谈谈为什么要重视和理解办学理念以及怎样践行办学理念。我所在的幼儿园的办学理念是“爱与尊重”，其内涵有以下三点：

首先，爱是可以触摸的，我们要在细微之处体现对孩子的爱。比如，蹲下来和孩子说话、用微笑面对每一个孩子，等等。

其次，把孩子当作与自己平等的伙伴，尊重孩子的学习特点，不进行填鸭式教育，鼓励孩子自主学习，用适合孩子并为他们喜欢的方式教育他们。

最后，尊重孩子的天性，让教育与孩子的天性和谐统一。我们尊重每个孩子的特点，呵护他们的理想与调皮，依循规律，用科学的方法教育他们。

为了帮助新教师理解并内化办学理念，把它融入日常的教育教学行为，我们对新教师提出了一些建议。比如，针对“爱”这一点，教师要：

➢ 每天微笑着迎接每一个孩子并给他们一个拥抱。
➢ 当孩子和你说话时，蹲下来看着孩子的眼睛，仔细地倾听。
➢ 每一次户外活动回来后，摸摸孩子的背上有没有汗，看看孩子的脸上有没有泥土。
➢ 不管孩子弄脏了几次衣服，每天一定要让孩子干干净净地回家。

有位新教师看了这些建议后有些不解，问老教师：“每次跟孩子说话都要蹲下来吗？每天必须要抱孩子吗？”老教师解释说：“不能那么刻板地理解和执行，最重要的是你心中要有爱，把蹲下来跟孩子说话以及经常抱抱孩子变成一种自觉的行为。”有一天，天很热，孩子们脱了衣服在户外锻炼。回到教室后，这位新教师随手把衣服放在衣帽架上就去忙别的事情了。这时，老教师走过来对她说：“给 ×× 小朋友穿上衣服吧。”新教师疑惑不解："我没感觉到冷啊，为什么要给他穿衣服呢？"老教师解释说："成人的感觉和孩子的不一样，而且这个孩子本来身体就很弱，要多加注意。"新教师听了很感动，原来"爱"的行为需要这么细致、这么具体。这也提醒我们，需要时刻站在孩子的角度思考问题，体会孩子的感受。

每所幼儿园的办学理念不尽相同，每位新教师都需要慢慢去体会，把贴在墙上的理念变成自己的思想观念，再用它指导自己的教育教学行为。在把理念付诸实践的过程中，你也在不断地成长。

2. 我们幼儿园的课程

幼儿园课程，是指从幼儿身心发展的特点和特定的社会文化背景出发，有目的、有计划地组织和实施幼儿一日生活中的各项活动。有的新教师认为："各园的课程不都是游戏、上课、生活、锻炼吗？有什么不同吗？"也有的新教师会想："课程不就是教材吗？照着教材上课不就行了吗？"

幼儿园大的活动板块的确就是游戏、上课、生活、锻炼等，但是因为每所幼儿园的办学理念、课程观不同，所以具体的课程内容、组织和实施方式也会有所不同。新教师可以通过幼儿园网站了解以上内容，也可以请教前辈和园长，还可以积极参与园本培训。

比如，我园实施的是以情感为核心的"织网式"课程，我们的课程理念是：以儿童的情绪、情感发展为基础，以情养心——促进幼儿身心和谐、健康发展；以情促学——激发幼儿积极主动学习的热情；以情交友——助推幼儿认知、情感、行为的交互发展。基于此，我们的课程在班级中强调"爱"的心理氛围的营造，每一位教师都要与孩子建立良好的亲师关系，要用正确的方式批评和表扬孩子，要接纳孩子的消极情绪，给予孩子积极的心理支持。每一个班级还要建立适合的常规，培养孩子的规则意识和自控力等。在课程内容的组织上，我们强调“织网式”，因为孩子的认知、情感、经验发展是交织的、整体的。此外，我们还强调动态的“织”，希望老师在课程实施中关注幼儿的主动学习、直接经验、情感体验。在这样的课程思想的指导下，我们构建了自己的课程实施体系。每一位进入我园的教师都需要经过培训，在理解了幼儿园的课程体系之后，才能有效实施课程。

幼儿园一般都会使用一套经过审定的教材，根据教材来有目的地计划教学活动。教材只是幼儿园课程的重要组成部分，不等同于课程。在使用教材前，新教师首先要了解教材编写的基本理念和基本框架，熟悉教材的内容和实施办法，这也是幼儿教师的基本功。

以浙江省省编的《幼儿园课程指导》教材为例，它的课程理念是生命、实践、智慧，其中，生命是基础，实践是通道，智慧是目标。这套教材以尊重儿童独特的生命活动为基点，重点关注的是儿童生命活动的拓展与加深、儿童生命活动质量的提升以及儿童生命发展不同阶段关键经验的获得。新教师要反复阅读课程的核心理念，反复阅读教材，了解它有哪些组成部分，如儿童发展目标、主题活动内容、区域活动建议等，重点了解每个部分的作用。对于主题活动及实施方法，新教师会格外关注，这是对的。幼儿园在开学前一般会组织年级组教师进行主题审议，但在这之前要先熟悉教材，否则讨论时你会很被动。

很多幼儿园还会研发自己园的特色课程，有的幼儿园是领域特色课程，如美术特色课程、科学特色课程等；有的幼儿园侧重研究某一方面的微课程，如剪纸、足球、泥塑、幼儿良好行为习惯的养成、自尊自信能力的培养等。同样是微课程，有的侧重内容，有的侧重方法，如各类游戏课程、“小树林”项目活动课程等。新教师到园后要全面了解本园的特色课程，理解自己园特色课程的基本理念和指导思想，知道为什么要这样做以及这样做对孩子的发展有什么好处，这一步不能省。新教师不能什么也不了解就依葫芦画瓢，老教师怎么做你就怎么做，知其然不知其所以然，这样不利于你今后的思考和进一步的行动。所以，你一定要了解幼儿园特色课程的整体设计和架构。要查看一些资料，或向老教师请教。要重视特色课程的执行过程，要了解课程实施的所有细节，它与日常课程如何链接，该特色课程的做法有什么特别之处，等等。

有一所幼儿园，它的办学理念是“基于孩子的天性与潜能，让孩子快乐生活、快乐学习、快乐成长”。在这样的办学理念下，这所幼儿园建构了一个“快乐美术”特色课程。该课程的核心理念是：强调感受与感动，支持表达与表现，追求童真与童趣。作为新教师，当进入这所幼儿园时，你在深入理解幼儿园办学理念的同时，应了解幼儿园的课程与特色课程，进一步理解“快乐美术”的内涵。与此同时，你还要了解该课程的具体实施方式，比如，“快乐美术”有四大实施策略，即支持“异想天开”，鼓励“随心所欲”，允许“自圆其说”，收获“沾沾自喜”。你要研究每一个策略的特点，分析解读实施流程。比如，在支持“异想天开”的策略里采用共同特性联想法，即让幼儿根据事物的某一特征进行发散思维，以自己独特的视角把物体的整体形象或某一部分加以夸张，并创造出与之有类似特征的不同物体。它的教学流程是：个性观察—特征联想—启发想象—创造想象—互动评价。了解这一策略后，你要反复解读，学习过去实施的案例，多方请教，力图了解并在实践中反复运用。此外，你还要了解特色课程的实施时间，是渗透在日常的课程中，还是有专门的特色课程时间，抑或两者结合。

总之，你进入一所幼儿园后，一定要深入了解该园的课程体系，反复熟悉教材，这是你带班的基础。不要把时间全部放在处理琐碎的事情上，要把更多的时间留给课程与教材。

3. 知晓幼儿园的规章制度

每所幼儿园都有各项规章制度，用来规范员工的行为。此外，还有各岗位的职责要求，用来明确各岗位、各工种的工作内容。幼儿园的规章制度一般包括：安全管理制度、教学科研制度、后勤管理制度、人事管理制度、卫生保健制度、幼儿管理制度等几大板块。当然，大板块下面的具体分类和要求，每个园所可能不尽相同。幼儿园的岗位职责有针对教师岗位的，有针对保育员岗位的，有针对教研组长岗位的，等等。有的幼儿园还有安全手册、一日工作流程等。

作为新教师，你入园后要尽快了解这些规定。首先，你要抱有接纳的态度。有些年轻老师讨厌别人管头管脚，认为“我会认真努力的，你就别管那么多了”。因此，他们对制度、规则有一些抵触心理。其实，这是不应该的。“没有规矩不成方圆”，任何一个组织和团体都要有成员共同遵守的规则，以保证团队的和谐相处和工作的顺利进行。所以，新教师要认真对待幼儿园的各项规章制度和职责，逐条学习并领会。不能完全理解的，要请教老教师。

这里要特别说明的是，如果你不认同有些制度中的条目，该怎么办？制度是之前就制定好的，你并没有参与讨论，所以里面可能会有你不认同的条目，这是正常的。对于你不认同的条目，你可以先接纳和理解并执行，在执行的过程中你可能就会自然而然地理解了。在理解规章制度时，你不能只站在自己的角度思考问题，更多地要从幼儿园大局的角度去考虑。幼儿园的制度不是根据某个人制定的，而是针对全体员工制定的，所以它会更全面一些。也许有些幼儿园制定的规章制度确实有些不合理的成分，你可以先观察一段时间，反复确认后，可以跟同事讨论，听听大家的意见，再在合适的时间向园长提出来。园长能够接纳最好，但是如果园长有其他解释，你也要倾听和接纳。另外，幼儿园的规章制度和岗位职责往往是教职工代表大会通过的，园长一时也更改不了，所以你可以等召开教职工代表大会时再提出来，看看是否会得到大多数教师的认可。

有位新教师对幼儿园的教学材料领取制度意见很大，因为园方规定一次领取的纸张不能过多，用完的边角料要归还。这位教师认为保管员小气，欺负新老师，心理愤愤不平地想：“刚开学，我们要布置教室，需要各种颜色和材质的纸张，应该大量供应才对，多余的小碎纸丢掉就是了，要它们干什么？”其实她不知道，布置教室，幼儿园肯定是支持的，但是如果教师可以无限量地领取各色纸张，那么就可能出现布局不合理，一点点小东西也要浪费一大张纸的现象。幼儿园之所以制定这样的制度，也是基于过去的经验。幼儿园也需要精打细算，在保证幼儿教育教学的前提下，尽可能节约资源。

安全是幼儿园工作的重中之重。很多幼儿园都制定了安全制度或印制了安全手册，你一定要反复阅读，精准到位地理解并认真执行，不能掉以轻心。比如，孩子带来的药品要放置在什么地方，户外活动之前要检查孩子的衣帽鞋带，户外活动时老师的站位如何，等等，这些你都要一一记住，并知道为什么这么做。比如，之所以检查孩子的鞋带，是因为孩子鞋带开了很容易被自己或别人踩到，进而导致他们被绊倒。如果在上下楼梯时被绊倒，还有可能导致前面的同学一起摔倒，这非常危险。

有位新教师带新小班，一天一个孩子感冒咳嗽，家长送孩子入园时带来了治咳嗽的药水。中午进餐完毕，老师给这个孩子喂完药水后，把药水往桌子上一放就忙别的去了。因为这种药水味道甜甜的，孩子很喜欢喝，于是趁老师不注意，孩子把剩下的药水都喝完了。等老师发现时已经晚了，她急忙告知老教师，找来医生解决问题。所以，幼儿园安全无小事，即使一瓶治疗咳嗽的药水，如果你没有及时放到孩子够不到的地方，一瞬间也可能出现意想不到的结果。

规章制度中有一部分会涉及新教师自己的切身利益，如工资奖金发放制度、请假制度、福利待遇制度等，这也是你需要关注的。不要觉得谈这个问题不好意思，了解自己的权利与义务，了解自己的劳动所得是必要的。不过，在了解的同时，不应该过分计较。

幼儿园的规章制度、岗位职责有很多，你一时半会儿不一定能全部记住。没关系，你只要做到脑中有守则意识，经常关注规章制度，在做某些事之前想一想可不可以这样做就行了。要记住你是幼儿教师，要懂得守责的重要性，因为你是孩子学习的榜样，没有良好的示范，孩子又怎么会遵守班级的各项规则呢？

4. 尽快熟悉幼儿园

来到一个新单位，陌生的环境、陌生的人、陌生的工作，这些有时会给你带来小小的压力。你必须积极面对，尽快让自己融入新环境。涉及教学工作的问题，我们会在后面的章节讨论，这里就先说说如何面对陌生的环境与陌生的人。

幼儿园通常都不会太大，所以你入园后要尽快熟悉幼儿园的各个功能区，包括教学区、办公区、食堂后勤区，等等。有的幼儿园没有明显的区域划分，你要尽快熟悉各班级的位置、功能室的位置、办公室的分布、食堂的前后通道，等等。除此之外，你还要尽快熟悉各种工作和生活的流程，比如，如何借阅图书、如何领取教学资料、如何去食堂吃饭，等等。有些幼儿园所在的教育局会提供一些青年教师短期住房，你要了解申请条件和申请办法。此外，关于有事向谁请假、如何请假等，你也要尽快了解，以减少自己的陌生感，让自己在幼儿园轻松自如地应付各项工作。

有位新教师胆子特别小，入园后就跟着同班老教师，有问题也不敢多问。马上开学要准备布置教室了，同班老教师一时走不开，就让她去资料室领材料。结果，她去了好久都没回来。老教师担心她是新老师，可能会遇到问题，急忙去找她。新教师一看见老教师来了就掉下了眼泪。原来她所在的幼儿园很大，她不知道资料室在哪里，又不好意思找人问，结果花了很长时间才找到，可是她又不熟悉领取材料的流程，被资料员问了几句就害怕了，资料没领就逃回来了。看见老教师找来，她觉得很没面子就哭了。

以上案例说明了解幼儿园的环境和各种工作流程是很有必要的。不过，这些事不一定会有人一五一十地告诉你，所以你自己要多上心，多去各楼层走走，记住各教室的位置，多向别人请教。别太紧张，如果你这也不敢那也不敢，那么你什么资讯也了解不到。

新到一所幼儿园，你还要面对陌生的同事。有的新教师感到很害怕，不知道怎么跟人交往。首先，你要抱着一颗真诚而平常的心。无论对谁，你都要真诚以待，无须刻意迎合别人，你平常是什么个性，自然表现出来就好。你可以主动与其他教师交流，向他们介绍自己，不懂的地方多问，慢慢就熟了。

第一印象很重要，所以新入职的你穿着打扮要得体，不要穿得过于暴露，也不要过于随意，不要浓妆艳抹，要端庄大方。不过，你也不要把老师想象成老古董，有点时尚感也不错。

要主动跟老教师交流，但要注意言行得体，不要夸夸其谈，好像你比谁都懂得多似的，这会给人留下不好的印象。你要表现出足够的诚意和积极的态度，真诚地倾听老教师的意见，虚心接纳不同的观点。你也可以表达自己不同的意见，但要注意措辞，不要针锋相对，而要用别人可接纳的方式，表达你的观点。

另外，在跟同事合作时，一定要积极主动，不要等待老教师分配任务，而要主动找事做。如果你不知道怎么做，一定要多问多求教，不要像皮球一样拍一拍才动一动。

我刚工作时带我的是一位身怀有孕的教师，她挺着大肚子干这干那很不方便，我也很替她担心。尽管我什么也不懂，也不知道该干点什么，但我很主动地对她说："你多休息，重活指挥我干就是了。你多动嘴，我多动手，干不完我就晚上加班干。"我主动肯干的态度打动了她，后来我们建立了很深的感情，在工作中她毫无保留、手把手地教我，为我今后的专业成长奠定了基础。

新到一所幼儿园，有的老师不知道该怎么跟园长交流，甚至看到园长走过来就绕道走。有的园长平易近人，有的园长比较严肃，这是很正常的事情，跟园长交流抱着一颗真诚而平常的心就好。如果刚开始有些畏惧，那么可以先少交流，等你熟悉幼儿园了，再慢慢跟园长交流也无妨。

5. 走进我们的班集体

幼儿园班集体，是幼儿园根据教育和管理的需要组织起来的基层细胞。要想当好这个班集体的老师，你一定要主动融入这个细胞内部，化为细胞的一部分。所以，当你第一次走进班集体时，要有高度的责任感；要把班级当作自己的家；要把搭班老师和保育老师当作自己的亲人，把幼儿当作自己的孩子，把家长当作自己的贴心伙伴，大家相互信任、相互支持，一起努力创建一个和谐的、优秀的班集体，使幼儿能在良好有序的保教环境中学习成长！具体可以从以下几方面入手。

了解班级各方面的情况

掌握班级概况

刚刚进入新的班集体，你要尽快了解班级的一些基本情况。首先，你要主动了解幼儿。因为幼儿之间存在着年龄、性格和生理上的差异，所以你只有了解了每个幼儿的个性和习惯，才能制定出符合本班幼儿发展水平的班级管理方法。如果你所带的班级是一个新班，那么你可以根据幼儿报名时家长填写的家庭情况记录表和教师在新生见面会上根据幼儿的表现所记录的内容，了解你所带班级幼儿的大体情况。如果你是中途进入一个班级，你可以向搭班老师和保育员了解孩子的状况。比如，班里的幼儿是哪一年出生的？属于哪个年龄段？班里共有几名幼儿？是男生多还是女生多？哪些幼儿是独生子女，哪些幼儿有兄弟姐妹？班里的幼儿大致处于什么样的发展水平？以便判断哪些幼儿发展得比较成熟，哪些幼儿需要特别关注，并且尽快了解个别幼儿的特殊需要。其次，你要了解幼儿的家庭教育情况、了解幼儿的日常生活由谁照顾、家长对幼儿的教育方式是宠爱型还是民主型、家长的需求是什么，等等。当家长的要求与正确的教育理念不符时，你要学会换位思考，体谅家长的心情，并和搭班老师商议通过多元的家园沟通方式，如电话、QQ 留言、微信交流、电子邮件、校讯通等，与家长一起商量讨论，促进幼儿进一步发展的教育措施。

制定班级常规

班级常规是幼儿在园有效、有序活动的基本保证。要想建立适宜的常规，有序地组织全班幼儿活动，确实需要一定的技能和技巧。这对刚入职的你来说，有一定的难度。首先，对幼儿的行为，你要有明晰的规范和要求，这样才能有目的地去培养和指导他们。你可以和搭班老师、保育员共同商议幼儿在园一日生活应该有哪些常规要求，在各个环节中如何具体操作。其次，要让幼儿知道为什么要这样做，应该怎样做，然后遵循幼儿身心发展的规律，让幼儿在平时反复练习，并不断改变策略，帮助幼儿养成良好的常规意识。比如，你可以采取以下方法：

➢讲解要求。如果你带的是新小班，那么你要在每一个环节开始之前，耐心地给幼儿讲要求，让幼儿理解为什么要这样做、该怎样做。在幼儿做的过程中，你还要跟进指导。比如，在提出如厕要求后，等幼儿上厕所时你要观察他们的行为，及时纠正并给予帮助。

➢亲身示范，帮助幼儿养成互相问好的习惯。虽然来园接待只是幼儿园一日生活中的一个小环节，但它是幼儿一日愉悦情绪开启的重要时机。不同性格特点的孩子来园时会有不同的表现，你要采用不同的问好方式，主动和幼儿交流，并借助拥抱、说悄悄话等方式帮助幼儿调整情绪。在此基础上，再循序渐进地引导幼儿主动向老师、同伴问好，积极、愉悦地插签到牌、洗手、喝水、参加后续的区域活动。

➢行为练习法。幼儿在学习一些常规时，有时需要反复的练习。你要坚持不懈，在日常生活中有针对性地帮助幼儿练习。比如，午睡时要求幼儿把衣服叠整齐。有些幼儿一时做不到，你可以在其他时间指导他们练习，还可以组织全班幼儿开展叠衣服比赛，看谁叠得又快又整齐。

➢及时表扬法。研究认为，“当一个人的行为得到满意的结果时，这种行为就会重复出现。”在行为出现的当下进行表扬，效果是最好的。如果时间拖得太久，表扬的作用就会随之减弱或消失。所以，在常规培养的过程中，有一个重要的提示就是，你要及时发现幼儿的良好行为，及时进行表扬与肯定。除了言语上的表扬外，你还可以运用微笑、点头等肢体语言。比如，当幼儿第一次把衣服扣子扣对时，你应该马上对他说："你把扣子扣对了，你真能干，希望你明天也能这样。"对于小托班的幼儿来说，你还可以使用小贴纸、小五星等进行鼓励。

➢ 文学作品的运用。儿歌短小精悍，读起来朗朗上口、易记，非常适合学前儿童的发展水平。在对幼儿进行生活常规教育时，你可以使用儿歌来引起他们的兴趣。儿歌可以是现成的，也可以进行创编。比如，为了让孩子好好喝水，你可以创编这样的儿歌——小朋友，拿好杯，不推不挤排好队。不玩水，好好接，喝完把杯放回家。此外，你还可以利用故事、木偶戏等作品帮助孩子理解、记住常规。

➢ 游戏法。幼儿喜欢在有趣的活动中接受教育，而游戏则是对幼儿进行常规教育的良好手段。比如，你可以组织幼儿玩"找朋友"游戏，让幼儿在各种标记图中找出自己喜欢的标记图做朋友，并把它们贴在茶杯和毛巾架上，使幼儿很快学会使用自己的茶杯和毛巾。此外，你还可以鼓励幼儿在"娃娃家"游戏中练习穿脱衣服的顺序和方法，练习洗脸、洗手的方法等。

➢ 运用音乐信号建立一日生活的基本常规。要想让班内所有幼儿对班级常规产生认同感，乐意遵守和执行，你需要有一定的智慧。音乐有动人的旋律、多元的风格，以此作为常规要求的信号，比单纯的语言提醒、铃声提示更容易被幼儿接受。比如，晨间锻炼时间到了，班里响起了轻快有力的《运动员进行曲》，幼儿听到音乐后自觉地收拾游戏材料，在老师的组织下排好队准备到户外运动。运动结束后，幼儿要进活动室如厕、喝水、享用点心。这时，教师可以把几段音乐组合起来，让幼儿在音乐的引导下按需如厕、盥洗，忙而不乱。这样做既提高了幼儿的自我服务意识，又减轻了教师的负担。另外，在午餐和午睡环节，教师可以播放轻柔、舒缓的音乐，为幼儿营造温馨、宁静的氛围，让幼儿在音乐的感染下安静地进餐、入睡。久而久之，班级里就会形成稳定的音乐常规制度，氛围也会变得宽松、有序。

➢ 与幼儿一起制定游戏规则。班里游戏区的规则可以根据实际情况和幼儿的实际需要制定，并让幼儿参与制定。你可以引导幼儿一起讨论，以图文并茂的形式记录规则内容，形成“游戏公约”并张贴在游戏区醒目的位置，对幼儿起到隐性提示的作用。幼儿理解认同的、符合其发展需要的规则，才是科学合理的规则，才能更好地推动游戏的开展。

➢ 随机教育。“一日生活即课程。”在幼儿的一日生活中，随时会出现各种情况，而这些情况都蕴涵着教育的契机。因此，你要善于捕捉这些有效的教育时机，及时实施随机教育。当你正在室内组织集体活动的时候，外面下起了大雨，哗哗的雨声吸引孩子们纷纷向窗外看去，此时你可以改变原有的计划，带领孩子们站在走廊上，看看外面下大雨的情景，看看雨点落在什么地方，听听雨点落在不同的地方其声音是怎样的。这样不仅能激发幼儿对大自然的探究兴趣，还能提高幼儿学习的积极性和主动性！

了解你的搭班老师

入职初期，幼儿园都会为新教师选择搭班老师或者带教师傅。他们一般都有丰富的教育教学经验，是班集体的管理者，往往会以身作则，做出榜样和表率！比如，他们会根据幼儿园的要求管理好班级。班级孩子的表现，是进步了还是退步了，有什么反常的行为；对 ×× 小朋友应该用什么方法激励；怎样取得家长的支持与配合等一系列事情，他们都会运用宝贵的经验来思考、解决。你要虚心地向他们请教，从他们的建议中学到帮助你成为一名好教师的方法。

工作中，你未必能自己挑选合作伙伴。如果你的搭班老师在幼儿园有很好的人缘，做事积极而有效率，对工作认真投入、有激情，你可以主动利用工作、生活的机会与她交往，获得更多学习和展示自己的机会；如果你的搭班老师不那么敬业，总是得过且过，你要尽量避免受到搭班老师消极情绪的影响，坚持每天以愉快的心情工作，将快乐工作的钥匙掌握在自己的手里。只要你保持积极的态度和乐观的心态，你就一定能从每天的工作中找到乐趣，让自己更加自信和乐观地面对工作。

了解班级的保育员

班集体中的另一个重要人员是保育员，每个班级都有保育员辅助老师照顾幼儿的生活。由于幼儿园教育是保教并重的，所以只有实施保教工作的老师和保育员共同努力，才能促进幼儿和谐健康地发展。虽然班级里的保育员通常年龄会大一些，学历也不太高，但是她们非常勤劳，也能吃苦，有丰富的育儿经验，能细心照顾幼儿的生活。比如，幼儿身体不舒服时，保育员会及时发现并把他们送到医务室请医生检查；幼儿流鼻血、尿在裤子上或者不小心把饭菜倒在地上时，保育员通常都会有较好的办法来解决。有的保育员很会整理教室，不仅日常的卫生保健工作做得很到位，还把班里的玩具、区角操作材料摆放得整整齐齐。这时，你应该主动协助保育员做一些力所能及的事情，让保育员觉得你很尊重她。这样，在以后的工作中，她会是你的得力助手，更加积极主动地协助你开展班级工作。平时，你还要多与保育员沟通、交流，多与她商讨幼儿保育、保健方面的工作，充分发挥保育员的优势，鼓励她们把保育工作做得更好。

总之，刚刚走进班集体的你，要有一颗敏锐而细致的心，洞察一切事情，处理好方方面面的关系，努力为幼儿创设一个宽松、和谐、安全、卫生、舒适的保教环境，有效地促进幼儿的成长。

6. 了解工作流程和工作要求

刚刚走上工作岗位的你，可能对自己需要做什么、可以做什么、应该做什么十分茫然。“万事开头难”，要想更快地了解工作内容与要求，你需要从熟悉幼儿园的教育理念开始。比如，我园秉承的教育理念是“爱与尊重”，在这种理念的指导下，老师们往往需要设计一个合乎园所环境、教育教学和利于幼儿学习的工作流程，然后，再根据实际情况适当调整。

宏观上，你需要把握一个学期的工作内容，做好工作计划。你可以根据幼儿园的学期大事记开展工作，了解幼儿园的教育任务、内容和要求。比如，我园一学期会有一个大事记，把重要的工作安排给老师们。你可以根据大事记的内容，为自己制订有弹性且合乎需求的工作流程计划。下面的例子说明了组织各阶段工作的具体要求，希望能给你一些帮助。

××幼儿园下学期工作流程和工作要求

时间	工作流程	工作要求
9月	1. 班级环境的创设 2. 新生入园工作应对 3. 预设主题的审议 4. 制订教育教学计划	1. 重视环境对幼儿发展的独特作用，创设富有班级特色、像家一样温暖的环境，迎接幼儿入园。 2. 开展丰富多彩的班级迎新活动，让幼儿尽快融入幼儿园的集体生活。 3. 了解幼儿园预设的主题内容，掌握各领域教育的学科特点和核心经验，将游戏作为幼儿的主要活动。 4. 依据幼儿的年龄特点和本班幼儿的实际发展水平，有针对性地撰写教育教学计划。

（续表）

时间	工作流程	工作要求
10月	1. 全园开展“我的图书去旅行”系列活动 2. 举办教师和家长阅读分享会 3. 一日活动中下午各环节优化交流	1. 努力营造阅读氛围，为幼儿提供不同种类的图书，丰富幼儿的阅读内容，引发幼儿对文字阅读和书写的兴趣，培养幼儿的前阅读和前书写能力。 2. 鼓励家长积极参与阅读活动，体验分享阅读的快乐。 3. 优化一日生活的安排，尝试在下午进行班本剧、探索日等班级特色活动。
11月	1. 开展家长学校讲座 2. 组织秋游 3. 消防演习 4. 全园联动主题《竖起你的大拇指》架构商议	1. 利用新颖的科技手段，全方位建构与家长的沟通渠道，让家长对幼儿园有比较全面的了解。 2. 组织丰富的秋游活动，让幼儿体验集体出游的快乐。 3. 熟悉幼儿园的安全应急预案，掌握安全防护与救助的基本方法。 4. 共同商议全园联动主题内容，梳理主题实施的线索。
12月	1. 全园联动主题《竖起你的大拇指》实施 2. 全园联动主题展示	1. 制订全园联动主题的教育活动计划和具体实施方案。 2. 在主题实施过程中，根据幼儿的表现和需要调整活动，给予适宜的指导。为幼儿创设交流合作、表达表现的机会。
1月	1. 迎新活动 2. 分析本学期主题、区角活动实施情况 3. 班级学期工作小结	1. 充分利用幼儿园的活动空间，设计符合幼儿兴趣需要的“迎新购物”活动，并提供丰富的、适宜的玩具，支持、引发和促进幼儿的购物游戏热情。 2. 主动收集与主题教学、区角活动相关的信息，愿意分享经验和资源。 3. 针对班级保教过程中的现实需要与问题，不断探索研究，总结反思，改进保教工作。

微观上，你需要把具体的工作聚焦到每日的活动上，比如，指导幼儿开展集体活动，鼓励幼儿进行自主性学习活动、自主游戏，等等。在组织幼儿的学习、生活活动时，要注意以下几个原则：

➢ 动静交替原则。时间长且动态的活动与时间短且安静的活动；室内活动与室外活动等，要互相衔接，交替进行。
➢ 弹性原则。时间安排是块状的，明确而有弹性。只有这样做，你才能尊重幼儿在学习过程中的节奏与兴趣。比如，接受能力强的幼儿可能已自由探索，进入下一阶段的学习，而接受能力较弱的幼儿可能还在思考探索，需要老师引导启发等。
➢ 要满足个别幼儿与集体发展的需求。通常，集体活动是预先设计好的，能为幼儿提供一些相关的信息与学习内容，但面对个别需要关注的幼儿，你要从他们的角度，想想他们的能力与需要，不要急于让他们进入原先设计好的流程表之中。

最后，以我园教师的一日活动流程和工作要求为例，希望可以给你带来一些启发。

一日活动工作流程和工作要求

时间	工作流程	工作要求
7:50—8:20	入园活动	1. 衣着整洁大方，妆容符合教师规范，做好准备准时上岗。 2. 微笑着迎接幼儿，关注幼儿的晨检情况、精神状态和随身携带的物品。 3. 热情接待家长，与家长进行简短且有针对性的沟通，及时记录幼儿的特殊情况以及家长的嘱托和要求。 4. 引导幼儿完成入园五件事（向老师问好、跟家长再见、插好签到牌、洗手喝水、进区角游戏）。

（续表）

时间	工作流程	工作要求
8:20—9:15	晨间锻炼（自选运动＋早操）	1. 提供充足的材料、空间，为幼儿的户外活动创造便利条件。 2. 集体活动和自由活动相结合，为幼儿提供自主选择的机会。 3. 关注幼儿的运动状态，结合季节、天气变化适当调整运动密度和强度。 4. 排查安全隐患，对容易出现问题的动作或材料要提示在前。 5. 重视运动过程中的保育工作，关注特殊幼儿的需求。
9:15—9:25	生活活动（自主按需进行）	1. 教师站位既要方便组织生活活动，又要方便组织其他幼儿进行过渡环节活动。 2. 提醒幼儿运动后要洗手，并能够有针对性地指导幼儿按照步骤洗手。 3. 解小便、喝水、吃点心可以依据幼儿的需要随时进行。
9:25—9:55	主题探究活动	1. 做好各项准备工作，包括教具和物品，为主题活动的开展提供有力保障。 2. 根据主题活动的需要，灵活组合使用集体、小组、个别的组织形式。
9:55—10:30	区域活动	1. 根据本班幼儿的年龄特点和不同区域活动的需要，为幼儿提供丰富、适宜的材料。 2. 观察、记录幼儿的游戏情况，了解不同幼儿的游戏特征和水平。 3. 顺应幼儿游戏的需要，适时把握时机介入指导。
10:30—11:15	餐前活动（户外游戏＋餐前卫生）	1. 创设不同的游戏情境，鼓励幼儿积极主动地参与户外活动。 2. 提醒幼儿餐前洗手，用毛巾擦干手，并懂得节约用水。 3. 指导值日生按人数分碗，帮助阿姨擦桌分筷。

（续表）

时间	工作流程	工作要求
11:15—11:50	午餐	1. 为幼儿创设温馨、安全的就餐环境。 2. 组织幼儿根据自己的进食量选择适量的饭菜，并自选就餐位置，愉快地用餐。 3. 观察幼儿的进餐情况，帮助幼儿养成文明进餐的习惯。 4. 关注幼儿进餐中的个体差异，有针对性地进行指导。
11:50—12:30	餐后自主活动＋睡前准备活动	1. 组织安静、轻松的睡前游戏（欣赏音乐、讲故事、散步等），稳定幼儿的情绪。 2. 提醒幼儿根据需要如厕，不带发夹等尖锐物品进入午睡室。
12:30—14:45	午睡	1. 严格遵守午睡制度，幼儿午睡时不离岗、不睡觉，保证幼儿午睡的安全。 2. 认真巡视，关注每个幼儿的午睡情况，发现问题及时采取适当措施。 3. 做好午睡室的通风工作。 4. 关注幼儿起床后的身体状况，如有不适，及时送医务室就医。
14:45—16:00	下午活动（吃点心及游戏活动）	1. 引导幼儿按需如厕、喝水，提醒幼儿吃点心前要洗手。 2. 精神饱满地带领幼儿做醒醒操，用积极的精神状态感染幼儿。
16:00—16:30	班级特色活动	1. 根据计划开展富有班级特色的活动，让活动兼顾多样性、娱乐性、教育性等特点。 2. 有目的地观察幼儿的活动情况，注意幼儿的兴趣点，适时介入指导。
16:30—17:00	离园	1. 提前准备好离园时需要发放的材料和物品。 2. 组织丰富多样的离园活动，使幼儿保持良好的情绪状态。 3. 上下午班老师合理分工，确保离园工作安全有序。 4. 有针对性地向家长反馈幼儿在园的情况，进行简短交流。

7. 制订工作计划

幼儿园的工作计划多种多样，它们从不同角度反映了《幼儿园教育指导纲要（试行）》和《指南》所规定的任务、内容和要求，是开展教育工作的依据和实施教育任务的基本保证。幼儿园的工作计划主要有学期计划、月计划、周计划、日计划和教学活动计划等。在这些计划中，学期计划和月计划一般由具备一定工作经验的老教师来制订，因此，作为新教师，你要学习的是如何制订周计划、日计划和教学活动计划。每所幼儿园都会有自己园所的撰写计划要求，只要你了解计划的基本格式、理清计划的主要内容、掌握制订计划的一般步骤，相信你会胜任制订工作计划的任务。

制订计划时需要注意的问题

- 制订计划是有效开展工作的必要保证，能让你清楚自己在何时该干什么，且能根据当时的实际情形自如地执行。为了避免制订的计划流于形式，在制订计划时，要对幼儿、教材、教育策略等进行深入的分析，为每一个幼儿多元智能的发展创造机会。
- 计划不是一成不变的，你要有灵活调整计划的意识。虽然计划是事先制订好的，但你要学会根据实际情况、幼儿的兴趣或偶然发生的有价值的事件进行适当的调整。比如，在引导大班幼儿欣赏京剧脸谱时，原先老师的计划是先引导幼儿欣赏脸谱的色彩、眉型眼眶图、鼻窝嘴胡图，但是老师发现幼儿对京剧脸谱中的额头图很感兴趣。额头上的标识是每个脸谱的核心价值所在，体现了这个脸谱人物的精髓。于是，老师满足了幼儿的兴趣，先引导幼儿赏析脸谱上的额头图，帮助他们理解额头图表达的意义等。

- 计划制订过程、计划执行过程和后续的思考调整过程同样重要，也是你不断提升专业水平的过程。因此，你既要仔细查阅幼儿园里有关计划的内容，明确要制订的计划的方向，又要认真分析班上幼儿的具体情况，按照计划内容确定工作目标，制订方案。同时，你还要在实践中观察、反思，不断调整和完善计划。

周计划的制订

周计划，是指根据月工作计划制订的周教育工作计划。一般在前一周的周末由搭班老师商定设计完成。它通过每日活动安排体现一周的教育工作重点、内容要求和具体措施，是每周教育工作的依据。其中，一周的工作重点、每日的教育活动内容和要求、个别幼儿的教育、家长工作等，必须要详细地写在计划内。其他一些幼儿生活活动的常规内容和要求，如喝水、进餐、卫生等，只需要将它们综合写在周计划相应的栏内，每天按计划执行就好。

日计划的制订

日计划，是指按照周计划进一步详细制订的每日活动计划，它是幼儿从入园到离园期间开展的每项活动的详细方案。你可以按照你所带的班次、环节依次书写。

教学活动计划的制订

教学活动计划是集体教学活动开展的基础，你在制订教学活动计划

大（一）班第十周工作计划安排

本周工作重点	本周主题： 大花脸变形记。 主题目标： 1．初步了解有关京剧脸谱的传统文化内涵，对京剧脸谱产生兴趣。 2．借助京剧脸谱的元素，结合自己的表达方式，表现身边熟悉的人物。 3．关注身边人的性格、爱好等特点，在表达表现中体验和他们之间的美好情感。
入园活动	1. 用自己喜欢的方式与教师礼貌问候。 2. 和家长道别。 3. 插心情签到牌。 4. 洗手，喝水。 5. 和老师一起整理教室或自由选择区域活动。
开放性晨间锻炼活动	1. 幼儿自选材料、自选同伴，一起创设有挑战性的运动情境开展锻炼。 2. 在教师的鼓励下，与多样化的运动材料积极互动，在运动中不怕困难，培养坚持、忍耐等品质。

（续表）

	星期一	星期二	星期三	星期四	星期五
主题和区域探究活动	活动名称： 欣赏脸谱。 活动目标： 1. 赏析京剧脸谱，了解京剧脸谱的基本要素。 2. 发现脸谱的不同，能大胆表达自己的见解。 3. 选择自己最喜欢的脸谱，尝试表现。	活动名称： 好朋友的大花脸。 活动目标： 1. 理解脸谱额头图案表达的意义。 2. 依托三维图连贯表达颜色与人物特点的关系，结合自己的表达方式尝试表现。 3. 体验给好朋友画大花脸的乐趣，增进同伴间的相互了解。	活动名称： 说唱脸谱。 活动目标： 1. 理解《说唱脸谱》的结构，结合自己一家人的特点创编歌词并演唱。 2. 在不同的演唱形式中体验演唱的乐趣，感受京剧说唱表演的韵味。	活动名称： 我爸爸是大花脸。 活动目标： 1. 借助京剧脸谱的元素，结合对爸爸的了解，大胆表现大花脸爸爸。 2. 体验给爸爸画大花脸的乐趣，增进亲子间的相互了解，萌发亲近爸爸并为爸爸自豪的情感。	活动名称： 我是大花脸。 活动目标： 1. 借助京剧脸谱的元素，结合自己的特点，表现自己的大花脸。 2. 体验给自己画大花脸的乐趣，并能运用大花脸和同伴合作表演。
户外活动	与主题有关的户外探索活动，包括参观生态园、收集自然物、散步、观察、户外小游戏、讲故事、户外写生、晒太阳等。				
餐前卫生和就餐	1. 幼儿盥洗，用洗手液洗手，并用毛巾将湿手擦干。 2. 值日生按人数分碗，帮助保育员擦桌、分筷。 3. 幼儿就餐，吃完擦嘴、漱口。 4. 值日生做好餐后值日工作，体验工作的责任和光荣。				

（续表）

餐后自主活动	1. 室内活动：美工（写生、折纸、画画、粘贴等）、建构、阅读、角色游戏、表演游戏、益智游戏、专业教室（木工坊、情感小屋、挑战小屋、探究小屋等）。 2. 室外活动：各类户外游戏、寻找观察、参观记录、制作探索、自由组群活动、散步、晒太阳等。				
睡前活动	1. 听故事、欣赏音乐、播报新闻、讲故事、猜谜语、展示才艺、智力小游戏等。 2. 幼儿睡前解小便、洗手。				
户外活动	竞赛性游戏、玩沙玩水、自发游戏、社会性游戏、探索性游戏、大型玩具、运动器械。				
班级特色活动	星期一	星期二	星期三	星期四	星期五
	活动名称：爸爸阅读日。 活动目标： 邀请爸爸来园分享关于京剧脸谱的儿歌、故事，了解有关京剧脸谱的文化内涵。	活动名称：体验日——社会一条街。 活动目标： 自选角色，通过扮演角色，创造性地反映周围的生活，提高社会交往能力。	活动名称：欣赏日 活动目标： 欣赏京剧片段《野猪林》，感受传统文化的魅力，尝试用简单的动作表演京剧。	活动名称：探索日——城市轨道。 活动目标： 学习正确选择和使用不同类型的建构材料，围绕主题进行建构。	活动名称：分享日。 活动目标： 愿意大方分享自己带来的玩具、书籍、故事、才艺等，提高分享意识。
生活活动	引导幼儿多喝水、勤洗手，防止感冒；做好防蚊工作，杜绝登革热病菌的传染；给班里的水养植物每天换一次水。				
家长工作	鼓励家长帮助幼儿一起收集有关京剧艺术、京剧脸谱的相关资料，引导幼儿了解京剧脸谱的起源，以及脸谱的色彩与人物的性格之间的关系等，亲子阅读绘本《我爸爸》《我妈妈》，体验亲情之爱。				
幼儿的个别化教育	借助京剧脸谱，引发幼儿对京剧脸谱的兴趣，鼓励幼儿自由、大胆地创作，同时进一步提高幼儿主动交往及合作的能力。				

时，心中要有流程。比如，了解幼儿的已有经验、确定教学目标、分析教学内容、撰写详细的教案，等等。你要认真思考活动的每一个环节，写出准备说的每一句话、准备实施的每一个行为，同时还要预设幼儿会有什么反应、会说些什么、做些什么。教学活动计划通常包括以下几方面的内容：

- 活动目标。从幼儿发展的角度来写，字数不要过多，写清楚活动需要达成的重点就可以。如果有参考教案，你要对照教材仔细阅读、消化参考教案上的目标、环节设计，思考目标和环节对班上的幼儿是否适宜，必要时可做出改变。此外，你还要明确每一个环节要达到的目标，将重要内容写到自己的计划中。
- 活动准备。从实物准备和经验准备两方面来撰写。一方面写清楚在实施教学活动时你要准备哪些具体材料，另一方面写出幼儿应该有哪些经验上的准备。比如，在开展大班教学活动“我的爸爸是大花脸”前，你需要提前请幼儿在家里采访爸爸，了解爸爸的工作、兴趣爱好等，以便在开展活动时，幼儿能将爸爸最明显的特征表现在大花脸的额头图上。
- 活动过程。在设计环节时，你要有目标意识，在基于对教学内容分析和幼儿水平了解的基础上，考虑每个环节及其目标。每个环节，你都要写明让幼儿做什么、怎么做以及达到什么目标；要将活动的重难点列于其中，并详细思考适宜的指导策略；突出你要重点提问、小结的语言、环节过渡、转换的引导语言等。
- 活动分析。活动分析的内容是在活动后补充上去的，在最初制订活动计划时，这一板块是空着的。活动后，你要把握要点进行效果分析，如目标达成的情况、活动内容和方式的适宜性等。你也可以简单介绍一下活动后的安排，如幼儿对新经验的运用和拓展，或者区域中关于活动内容的继续探究等。

大班教学活动：我是大花脸

活动目标

(1) 借助京剧脸谱的元素，结合自己的特点，表现自己的大花脸。

(2) 体验给自己画大花脸的乐趣，并能运用大花脸和同伴合作表演。

活动准备

材料准备：彩色笔、蜡笔、脸谱轮廓图、《说唱脸谱》音乐。

经验准备：了解脸谱的基本元素，了解自己的性格、爱好、本领等。

活动过程

1．导入活动，引出脸谱

教师：小朋友们，前段时间我们学唱了《说唱脸谱》，老师还给你们表演了变脸。今天，我又要来表演啦，不过跟上次的不一样哦！

(1) 教师将五个脸谱叠在一起，一边表演一边变出歌词中出现的脸谱。

(2) 请幼儿说说老师变出的脸谱有哪些（蓝脸的窦尔敦、红脸的关公、黄脸的典韦、白脸的曹操、黑脸的张飞）。

2．引出任务，引导幼儿思考怎样表现自己的大花脸

(1) 经验回顾，不同颜色的脸代表着不同人物的个性。

教师：我们在欣赏京剧脸谱和学唱歌曲的时候，已经了解到脸谱的色彩跟人物的个性有关系，那蓝脸代表怎样的人物个性呢？红脸、黄脸、白脸、黑脸分别代表怎样的人物个性呢？

(2) 讨论用什么颜色来表现自己的大花脸。

教师：是的，京剧脸谱的颜色和人物的个性有关系，不同的颜色代表不同的个性。今天，我们要用画京剧脸谱的方式来画一画自己的大花脸，你想给自己画一张什么颜色的脸呢？你是怎么想的，请你来说一说。

(3) 欣赏京剧脸谱，进一步感知脸谱图案大而夸张的特点。

教师：大花脸的颜色想好了，那大花脸上还应该有什么？（还要有额

头图、眉型眼眶图、鼻窝嘴胡图）怎样把这些图案画得夸张一些呢？我们先来欣赏几张图片。

教师：脸谱各种各样，图案大而夸张，脸谱的表情也非常丰富，额头图代表人物最明显的特征。

(4) 请幼儿说说自己最特别的地方，以及怎样画自己的大花脸。

教师：小朋友一定知道自己最大的特点是什么，那你的大花脸可以怎么来画呢？原来我们每个小朋友都那么可爱，每个小朋友都是不一样的。今天，我们就用画脸谱的方法，给自己画一张大花脸。

3．出示教师自己的脸谱，引导幼儿欣赏

教师：我这里也有一张老师的脸谱，请你们猜猜是哪位老师。

教师：对的，这张脸谱画的就是我。我很爱种树，在我家楼顶的花园种了很多果树。秋天，我希望我种的果树结满红红的果实。我觉得我比较勇敢，不怕黑，而且很聪明，因为我经常想出一些好玩的游戏，带领你们一起玩。所以，我给自己画了黄脸，在额头图上画了一棵大大的果树。用画京剧脸谱的方式画画自己的大花脸，把自己的脸变得像京剧脸谱一样，真有意思！你们是不是急不可待地想要画了呢？

4．幼儿绘画，教师指导（见图2-1）

图 2-1

教师：请五个小朋友组成一组，画好后请你们来合作表演，要把你们画的脸谱编到《说唱脸谱》的歌曲里，看看哪一组小朋友的脸谱画得最有趣，表演时合作得最好！

5．分享与交流

（1）幼儿合作表演。

（2）教师小结：今天每个小朋友都给自己画了一张大花脸（见图2-2、图2-3、图2-4），老师很喜欢这一张张特别的脸，也很喜欢一个个特别的你。

图 2-2

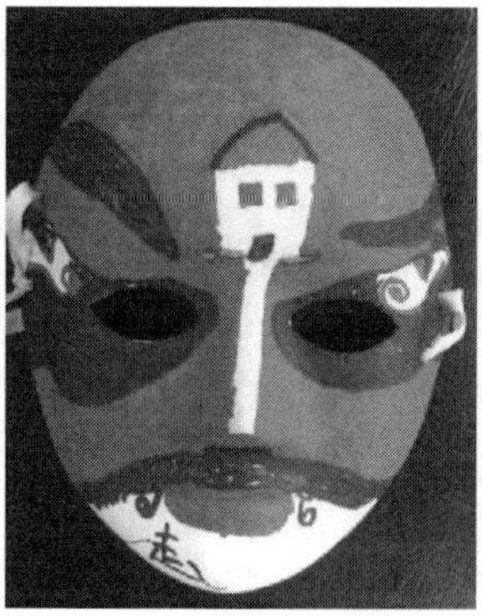

图 2-3

图 2-4

第三章

走近孩子，走进家庭

在这个世界上，孩子是人类群体中的一个非常重要的组成部分，他们不仅是人类生命的延续，也是人类未来社会的掌舵者。每个孩子来自不同的家庭，他们从形成生命的那一刻起便带上了父母的遗传基因，有着自己的遗传特质和气质。此外，每个家庭都有自己的教养理念、生活习惯。所以，来到幼儿园的孩子身上带着家庭的烙印。作为新教师的你，既要了解自己的教育对象——孩子的身心特点、生活习惯、兴趣喜好等，也要了解支持孩子形成这些特点的家庭，这是你顺利开展工作的重要一环。

1. 了解班级的每个孩子

每一个孩子都犹如百花园里的一朵花，有不同的颜色、不同的形态、不同的花期、不同的施肥时间、不同的浇水时间；有的喜阴，有的喜阳；有的喜酸性土壤，有的喜碱性土壤……他们来自不同的家庭，存在个体差异，作为花园园丁的你要尝试着去理解他们的独特之处，接纳他们的不同，并与其家庭成员一起努力，寻找适合他们成长的方式和速度，让每一个孩子都能在你和他们的家庭成员共同建造的、适合他们成长的花园里绽放出自己的花朵。

作为新手教师的你刚踏入幼儿园，首要的工作目标就是能独立带好一个班；而要能带好一个班，首先就要了解班级的每个孩子，然后根据他们的个性特点和发展水平，运用所学的专业知识，设计生动有趣的活动，使孩子们尽快融入班集体，喜欢上幼儿园。

你刚踏入幼儿园，接受的带班任务不外两种情况：一种是与原班级的一位教师共同接管一个已有的班级，这种情况一般是因为另一位配班教师由于幼儿园的需要调到其他班级或者由于某种原因离职了。另一种是与老教师接管一个新班级。但是，即便是一个新班级也存在着多种可能性。比如，可能是一个新托班或者新小班，也可能是一个新组成的中班或大班，后者通常会出现在新开办的幼儿园或者幼儿园需要扩班的情况下。

第一种情况的难度相对会小些，所以先跟你聊聊这种情况。关于班级里每个孩子的性格特点、喜好、能力、班级常规遵守情况、家庭情况、家庭教养方式等，你均可通过老教师进行先期的了解，之后在实际带班与孩子们的互动中进一步了解与证实，并将之运用到带班过程中。

带班之前，除了了解每个孩子的特点外，你还要弄清楚班级的一日生活常规要求、作息时间等。你不仅要把它们熟记于心，还要努力与老教师使用一致的生活常规要求用语。比如，“请小朋友起立，双手搬起小椅子，轻轻地放到午睡室的绿线上，要让椅子前面的两只脚站在绿线上。”

开始带班的前一天，你要把明天带班的半日活动的每一个环节像放电影一样逐个演绎一遍，把所有要准备的材料都检查一遍，同时针对个别活动内容，比如，科学小实验、小手工等，自己先操作一遍，不能想当然地认为这些材料一定适合儿童。此外，你还要尽可能预先估计好孩子们会出现的情况、问题。当然，真正开展活动的时候，你会遇到许多意想不到的状况，这就需要随机应变的能力，这种能力需要你在日常实践中不断地积累。这时的你就像一个即将上战场的士兵，必须要打有准备的仗，不然会让自己输得很惨！

接下来，再跟你聊聊第二种情况。接管一个新班级，是你从园长手中接过孩子们的入园卡片开始的。拿到新生入园卡片后，你要先把孩子们的信息储存下来，可以抄在你的工作笔记本上，也可以把卡片资料复印下来存放好，以备日后工作中随时使用。

接下来，你要仔细阅读卡片上的信息，包括孩子的姓名、性别、出生年月、家庭居住地址以及家长的单位、职业、学历等。你不仅可以从中了解孩子的性别特点、年龄特点（一般规律），还能从孩子们的名字中了解家长对孩子的期望。家庭住址的远近，也能反映出家长对孩子入该幼儿园就读的态度。当然，对于公办幼儿园来说，孩子们的居住地基本都属于幼儿园的服务区，所以这一信息没什么参考价值。家长的单位、职业和学历等信息，对于你了解他们的家庭教养理念、方式和对孩子的期望等有一定的帮助，也有助于你做好家访的心理准备。

当然，在没有真正见到孩子之前，入园卡上的信息都是纸上谈兵。只有当你走入孩子的家庭，当孩子走入你的班级时，你才能真正了解他们。

所以，当你要接管一个新的班级，想要了解班级里的每一个孩子时，顺理成章，开学前的家庭访问就成了关键的一环。

家庭访问不仅能让你了解孩子已有的生活习惯、独立生活能力以及认知、语言、情感、社会交往等各方面的水平，还能让你了解孩子和父母的亲子关系、孩子生活的家庭环境和氛围、家长的教养理念和方式等。同时，家庭访问也是让你和孩子逐渐消除陌生感，建立良好信赖和依恋关系的重要一环，为孩子日后顺利适应幼儿园的集体生活奠定了基础。当然，在第一次进行家庭访问时，孩子们的表现不一定能让你全面了解他们真实的一面。有的孩子因为对你感到陌生或者家长的高压，其表现有可能和入园后大相径庭。

这里列举两个我亲身经历的例子：一个例子是家访前妈妈就已经跟孩子说了："今天老师要来家访，你要乖乖的，要不然你就上不了幼儿园了。"家访的时候，当我们向孩子的妈妈了解孩子在家的表现、生活习惯等方面的信息时，孩子一声不吭地坐在沙发上。当时我们觉得这个孩子好乖，控制力特别强。没想到孩子进入幼儿园后，像换了个人似的，不懂得遵守班级常规，常常沉浸在自己的世界里。我们这才醒悟到，家访的时候是妈妈的"高压"让孩子在我们面前呈现出"乖"的假象。另一个例子是家访进入孩子的家后，我刚坐下来，孩子就从楼上把一把塑料椅子扔了下来！这孩子怎么这样，当时我都惊呆了！可是当他进入幼儿园后，只要老师跟他讲道理，提出明确的要求，他都能做到。后来我们分析，当时接待我们的是他的外婆，他的外婆平时很宠他，对他要求不严，而老师对他来说是陌生人，所以他就以这样的行为来进行"正当防卫"。

从以上两个例子可以看出，在进行家庭访问的时候，你要对孩子的表现与行为进行客观的判断。那么，家庭访问要怎样进行呢？

2. 家庭访问 ABC

家庭访问的目的是让幼儿园与家庭建立良好的家园关系，为科学共育开启良好的序幕。家庭访问，不仅是教师了解自己的教育对象，让孩子消除对教师的陌生感，以便在入园后能顺利度过焦虑期的过程，还是让家长了解幼儿园的教育理念，建立对教师的信赖，为日后的家园共育工作奠定良好基础的过程。所以，它是双向的互动。

家庭访问是你与孩子及其家长的第一次见面。双方能否建立良好的关系，这一次见面尤为重要。你想了解孩子、了解家长，同样他们也想了解你，包括你是从哪所学校毕业的、曾经带过哪些年龄段的孩子、有多少年的工作经验、专业水平如何、是否有亲和力、对孩子是否耐心、幼儿园的教育理念是什么、幼儿园里会教什么，等等。一般情况下，在进行家庭访问前，幼儿园会组织教师接受相关的培训。

家庭访问礼仪

教育是一个育人的过程，而育人先要育己，你的一言一行反映了你的修养，也预示着班里的孩子将潜移默化地受到你的影响。

在进行家庭访问前，你要先有礼貌地跟家长打电话预约，给家长提供一个可选择的时间段，让家长提前做好受访准备。

在进行家庭访问时，你要注意着装。因为家庭访问一般在暑假进行，所以你的着装一定要得体，尽量不要穿吊带衣，低胸的衣服或超短的裙子。在距离预约时间5 ～ 10分钟时，再给家长打一个电话，告知大约几分钟后到。如果由于上一家家访时间过长，导致你不能如期赶往下一家，那么你应在快到预约时间时打电话告知对方，以体现守时的工作作风。

此外，家访时的敲门、打招呼、脱鞋、摆鞋、坐姿、背包放置的位置、谈话的语调和语速、家访完的道别、离开等一系列的细节、言行都要以优雅为原则。比如，敲门时将手指弯曲，用指关节不轻不重敲三下，同时问：“请问 ×× 小朋友在家吗？”一般情况，在楼下等门禁开的时候，家长就知道老师来访了，会把门打开迎接。见到家长要主动问好，还要和幼儿家里的其他人打招呼。进门后脱鞋，把脱好的鞋子整齐地摆放在鞋架上。然后，在家长的引导下坐在客厅的沙发上，坐的时候双腿要并拢，坐在沙发的前半边，可以将随身背的包放在自己的身后或者身旁。在与家长交流时，眼睛要与家长对视，认真倾听、回应，语速和语调要适中。家访完毕时，与在场的成员 道别，在门口先将拖鞋脱下摆好，再穿回自己的鞋子，并再一次跟家长道别。

家庭访问前的“备课”

在进行家庭访问前，你要明确家庭访问的目的，知晓家庭访问的内容、自己所在园所的情况和办园理念，以及开学的具体工作安排。不同的幼儿园会根据本园的教育理念，设计家庭访问的内容记录表。下面是我园在老师们进行家庭访问前对幼儿园情况的说明，以及园所的家庭访问记录表。

各位老师：

大家好！

首先，欢迎你们成为幼儿园的一分子！我们的幼儿园是一所充满爱的幼儿园，有着半个多世纪的历史，总园下设好几所分园。我们以“爱与尊重”为基石，以“把幼儿园还给孩子，把孩子还给他自己”作为我们的教育追求，以“情感为核心的托幼一体化课程”作为我们的园本课程，科学地开展幼儿一日活动和一系列的主题活动，在一日活动的每一个环节中践行我们的教育理念。我们注重孩子情绪、情感能力的培养，依据《指南》的五大领域编织我们的“织网式”园本课程。经过近20年的积累与研发，我们的园本课程不仅拥有自己独特的情感主题和开展方式，还拥有五维式的评价体系。

由于本园是一所新开办的分园，所以很多情况大家可能不是很清楚，现做一说明，以便大家在进行家庭访问时做到心中有数，能轻松自如地回答家长提出的问题。

1. 本园信息

(1) 今年我们园招收了6个班，分别是2个托班、2个小班、1个中班和1个混龄班。师资配备为两教一保。每个班都有独立的活动室、午睡室（全部朝南）、盥洗室、生活吧、艺术区（大阳台）、阁楼娱乐区、教师办公室。户外有小山坡、大沙坑、戏水池、木桥、大型玩具……专业教室有科学发现室、音乐唱游室（提供各种打击乐器）和多功能室。

(2) 关于装修：6月12日结束所有装修，然后进行验收。8月13日进行空气检测，先检测，检测合格后再开园，届时会公示检测结果！同时，我们也会注意日常通风，放置植物、活性炭等净化空气，请家长放心！

(3) 开学时间：9月1日。小托班开学第一天是亲子活动。小托班采用的是梯度入园的方式，即第一周的上午上半天，不吃中饭就回家；第二周吃过中饭后，12:00接孩子回家；第三周待孩子睡好午觉后接回家；第四周正常的一日活动，具体也可以根据孩子的适应情况而定。请小托班老师将亲子活动的方案在8月22日做一介绍，大家群策群力，为第一次亮相做好充分的准备！

2. 家庭访问中的注意事项

（1）根据家庭访问记录表的内容进行观察、记录。关于需要记录的内容，请老师们根据以下几个方面进行准备，以确保其有效性。比如，幼儿的表现（由此可以判断幼儿的性格特征）；家长反映的情况（请家长多说一些孩子的喜好、习惯，帮助老师更全面地了解孩子的情况）；教师的反馈（将园所的信息、教育理念等传达给家长）；处理意见（对于家庭访问中出现的问题进行分析解决）。

（2）当在家庭访问中遇到比较特殊的问题时，请及时与园方沟通。

（3）请小托班家长仔细阅读《幼儿入园准备手册》，并填写后面的《幼儿入园前个人资料表》。家园配合协助孩子更快适应幼儿园的生活！

（4）幼儿园将设立家长委员会，请有意向的家长积极报名。

（5）准备动物标签。在进行家庭访问时，请幼儿选择一个他喜欢的动物标签，并告诉他这个“小动物”会在幼儿园里等着他。

（6）在家庭访问的过程中，教师要和家长合一张影，让幼儿了解老师是爸爸、妈妈的好朋友，以建立对老师的信赖感。

家庭访问的实施

在做好前期的准备工作后，现在就要真正走入孩子的家庭，开始实战演习了。你和老教师来到孩子的家门口，有礼貌地敲门，在家长开门的一刹那，你就能感受到孩子的家庭氛围是温馨的，还是冷冰冰的；家庭环境是整洁的，还是乱糟糟的，这些都会影响孩子对生活的态度和从小习得的生活习惯。进门后，对孩子的独立空间（卧室、玩具室等）；孩子所拥有的玩具、童书等稍作了解，你便能得知孩子的喜好。一般情况下，你会在

小托班家庭访问记录表

幼儿姓名________ 性别____ 访问日期__________ 访问对象__________

访问目的____

幼儿的表现（在家庭访问过程中孩子的一些行为表现）：

家长反映的情况（涉及幼儿的生活自理能力、身体状况、学习能力、心理需求、家长需求等方面的内容）：

教师的反馈（根据家庭访问情况进行初步的分析判断）：

处理意见（针对家庭访问过程中收集到的一些特殊信息，比如，有的幼儿有过敏史，有的幼儿生下来就有糖尿病，有的幼儿有某种特殊需要等，给出一些建议。如果需要园方配合提供支持，需要跟园长沟通）：

幼儿入园前个人资料表

幼儿姓名________ 出生年月______________ 性别____ 填表时间__________

1. 生活自理能力

用餐：

• 喜欢用的餐具____________ • 在家胃口如何____________

• 吃一顿饭的时间____________ • 爱吃的食物名称____________

• 进餐能否独立完成：①能独立吃干净 ②愿意自己吃，但桌面脏乱
③开始能独立吃，最后要喂 ④需要喂

睡觉：

• 能否自己穿脱衣裤____________ • 能否自己穿脱鞋____________

• 在家午睡时间从______时到______时；夜间睡眠从______时到______时

• 入睡时需要老师特别注意的方面：______________________________

• 有无夜惊、呓语现象：①有 ②无

• 有无尿床现象：①有 ②无

• 睡眠是否独立：①独自睡小房间 ②和爸爸妈妈（或家人）一起，但分床睡
③需要陪着睡 ④其他

如厕：

• 习惯用何种洁具：①坐式 ②蹲式 ③痰盂 ④其他

• 在家能否主动去厕所：①能 ②不能

• 是否会自己擦屁股：①会 ②不会

• 解完是否会自己整理衣裤：①会 ②需要帮忙

• 会做的简单家务____________ • 令家人担忧的生活习惯____________

2. 身体状况

• 体检曾发现的问题______________

• 是否缺乏某种微量元素____________ • 需要配合的措施____________

• 是否过敏体质____________ • 对何种东西（食物）过敏__________

• 日常活动量：①强 ②一般 ③弱

（续表）

3. 学习能力

- 孩子的爱好、特长＿＿＿＿＿＿＿＿＿＿＿＿＿＿＿＿
- 喜欢的书籍、碟片等＿＿＿＿＿＿＿＿＿＿＿＿＿＿
- 喜欢的玩具、游戏＿＿＿＿＿＿＿＿＿＿＿＿＿＿＿＿
- 孩子的语言表达能力＿＿＿＿＿＿＿＿＿＿＿＿＿＿＿
- 比较感兴趣的话题＿＿＿＿＿＿＿＿＿＿＿＿＿＿＿＿
- 注意力集中时间＿＿＿＿＿＿＿＿＿＿＿＿＿＿＿＿＿

4. 心理需求

- 孩子的性格特征＿＿＿＿＿＿＿＿＿＿＿＿＿＿＿＿＿
- 主要照顾孩子的成人＿＿＿＿＿＿　• 孩子对其依恋程度＿＿＿＿＿＿
- 孩子有需求时能否主动提出＿＿＿＿＿＿＿＿＿＿＿＿
- 孩子的要求没得到满足时，其表现＿＿＿＿＿＿＿＿＿
- 孩子遇到挫折、压力时有什么反应＿＿＿＿＿＿＿＿＿
- 孩子的交往能力如何＿＿＿＿＿＿＿＿＿＿＿＿＿＿＿
- 在成长过程中有无特殊经历＿＿＿＿＿＿＿＿＿＿＿＿
- 有无害怕或讨厌的东西＿＿＿＿＿＿＿＿＿＿＿＿＿＿

5. 家长需求

- 您希望孩子在幼儿园学到什么＿＿＿＿＿＿＿＿＿＿＿
- 您对园方、教师的期望＿＿＿＿＿＿＿＿＿＿＿＿＿＿
- 您对亲子活动的希望和建议＿＿＿＿＿＿＿＿＿＿＿＿
- 其他＿＿＿＿＿＿＿＿＿＿＿＿＿＿＿＿＿＿＿＿＿＿

老教师的带领下进行家庭访问，跟家长交流的任务一般交由老教师。老教师会根据家庭访问需要收集的信息一一向家长了解，同时解答家长提出的问题。当然，你也可以适时地加入交谈，了解你关注的信息。你的主要任务是倾听、记录，尤其是要记录下孩子的一些特殊嗜好和行为，比如，睡觉的时候一定要喝奶、抱着小被子等。当然，你也可以跟孩子互动，比如，和孩子一起玩玩具、看书、给他讲故事等。这样做一是避免孩子在大人交谈的时候感到无聊；二是从中了解孩子的喜好，拉近与孩子的距离。当然，不是所有的孩子都如你预期的那样，会很配合地跟你互动。有的会一直黏着妈妈，坐在妈妈的膝盖上；有的会不让妈妈跟老师说话；有的会自顾自地玩耍，只在有需要的时候过来打扰一下妈妈……在进行家庭访问的过程中，孩子的表现截然不同。你不仅可以从受访人那里了解孩子的大概情况，还可以从孩子的现场表现中了解孩子的一些特点和能力。比如，从你跟他的互动中，你可以了解这个孩子的性格是开朗的，还是内向的（性格特征）；玩玩具、看书或者听故事时是否专注（专注力）；玩完玩具后会不会自己收拾整理（行为习惯），这些都是你要收集的信息。

家庭访问后的信息整理

家庭访问后的信息整理将有助于你建立班级常规，维持好班级秩序。你可以按照以下分类方法对信息进行整理：

- 有无入托经历。有过入托经历的幼儿相对比较容易适应幼儿园的集体生活，比较能遵守班级常规，有集体意识。没有入托经历的幼儿在刚入园的时候需要教师格外关注。
- 生活自理能力的强弱。对于生活自理能力较弱的幼儿，你要多加关注，帮助其建立安全感。
- 身体素质的强弱。对过敏性体质的幼儿、体弱儿以及有特殊疾患的幼儿也要多加关注，这些幼儿往往很容易缺乏安全感。
- 主要抚养人。祖辈带的孩子、保姆带的孩子和全职妈妈带的孩子，在刚入园的时候出现的分离焦虑程度是不一样的。特别要关注的是由全职妈妈带大的孩子，因为这类孩子入园前整天黏着妈妈，最容易出现分离焦虑，是最需要关注的。

➢ 性格是活泼还是内向。内向的孩子往往话不多却很敏感，非常在意他眼中见到的一切。刚入园时，当你在哄那些因分离焦虑而哭闹的孩子时，请一定给内向的孩子一个温暖的拥抱，让他感受到你同样喜欢他。简言之，你要“学着”跟他一样敏感。

整理后的信息，对于你组织一日活动（包括安排孩子的座位、组织他们排队）、安排孩子午睡的小床、解决孩子的入园焦虑等问题都有非常大的参考价值，也是你能独立带好班的关键。同时，在结束全部家庭访问后，你要将孩子的姓名（包括小名）和他喜爱的小动物标签列表张贴在醒目的地方，以便自己能够快速地记住孩子们的名字和他们的标签，这也是你赢得孩子们信赖的重要细节。

3. 孩子的爸妈和他的家

幼儿园阶段的孩子不像小学生、中学生那样能独立表达自己的意愿，能基本独立地应对外界的一切。幼儿园阶段的孩子往往需要通过爸爸、妈妈来实现自己的愿望，因此他们与家长的关系非常紧密。幼儿教师必须以真诚的态度、包容的胸怀与家长进行融洽的沟通，使双方相互理解、相互信任，从而形成真正的合力，为孩子的成长当好助推器。

由于不同的幼儿园坐落在不同的地域，因此面对的家长会有明显的地域性差异。此外，受家庭背景、学习经历、职业、职务的影响，家长表现出来的教育理念和态度也会大不一样。作为新教师，你不仅要了解自己幼儿园的园所文化，也要了解本班孩子的家长这个特殊的群体，了解他们的教育理念、教育期望。只有相互了解了之后，大家才能找到一个教育平衡的契合点。这样达成的共识与愿景无论对班级工作的开展、班级文化的形成还是家长工作，都将是积极有利的。

作为一名新教师，你一开始面对家长时可能会有些紧张。由于没有多少实践经验，你可能跟家长没有什么话聊。那么，如何逐步顺畅地与他们沟通呢？

留意每一位家长的关注点

不同的家长的关注点也不一样。比如，孩子刚入园时，有的家长关注孩子的情绪——今天他在幼儿园哭了吗？哭了多久？有的家长关注孩子在幼儿园吃得怎么样——饭菜都吃完了吗？吃饱了吗？添饭了吗？有的家长关注孩子睡得怎么样——午睡睡着了吗？睡了多久？有的家长关注孩子在集体教学活动中的表现……根据不同家长的关注点，你在带班的过程中要有的放矢地去观察，这样在接待家长的时候，你就可以应对自如了。当然，随着时间的推移，孩子们渐渐都适应了幼儿园的集体生活，家长的关注点也会随之发生改变，你要敏锐地加以捕捉。

带着同理心倾听家长的意见

由于你和家长刚接触不久，彼此还没有建立起足够的信任感，因此家长常常会由于某种焦虑、担心来向你反映问题。此时，无论家长说得有没有道理，你都要认真倾听，表明你真诚的态度，而且要站在家长的角度来理解问题。当你对家长抱有同理心的时候，你们之间就会慢慢地建立起相互信赖的关系。同时，就家长提出的问题，你要表明会想办法解决；如果问题涉及园方，告诉家长你会向园长如实反映。如果你觉得家长提出的意见毫无道理可言，你可以跟老教师或者园长商量以妥善解决。

用心呵护孩子，真诚对待孩子

用心呵护孩子体现在幼儿园一日生活的方方面面。孩子来园时，你微笑相迎，蹲下身来问候，再来一个热情的拥抱（当然要在孩子愿意的情况下），向孩子传达你对他的喜爱之情，让他感受到幼儿园里有喜欢他的老师，让家长感受到你的亲和力。

在区域活动、晨间锻炼、出操、升国旗、集体教学活动、游戏活动以及一些特色活动中，你的目光要始终追随孩子，把孩子的一言一行记录在你的脑海里，以观察、分析孩子的发展水平。同时，这也将成为创设区域环境、为孩子提供有效互动材料的依据。每天与孩子的互动也将是你积累实践经验最宝贵的机会，千万别浪费！“不积跬步，无以至千里。”每天跟家长交流的时候，这些互动信息将成为丰富而有价值的谈资。你重复了孩子的一句童言稚语，会令家长感动不已！

在一日活动中的每一个生活环节，如上厕所、吃饭、睡觉等，你的细心呵护不但会让孩子感受到家人般的温暖，还会让他们建立对你的依恋情感。你的态度要不厌其烦，你的微笑里、语气里要处处充满真诚的关怀。如果当天有孩子没上幼儿园，晚上打一个电话送去你的牵挂，也是你用心的体现。

总之，你的一点一滴终究会换来孩子的喜爱和家长无比的信赖。当然，你是一个新教师，你的“眼观六路，耳听八方”的能力有待在实践中不断磨炼，因此如果由于照顾不过来出现意外事故时，千万别慌张。你要勇于承担自己的责任，真诚地向家长表示歉意，同时不断积累经验，提升自己的预判能力，将不安全事故的发生概率降到最低。

用赏识的眼光赞美孩子

孩子的今天一定比昨天有进步。夸赞孩子，让孩子将一点一点的成功累积起来，帮助他们树立自信，造就他们强大的内心。这需要你时刻留意孩子的成长，并在接待家长的时候描述给他们听，让家长带着喜悦的心情回到家，再将这份喜悦传递给其他家庭成员。试想，当整个家庭充满喜悦的氛围时，在这样的环境中长大的孩子一定会自信满满、充满阳光。当然，你也会担心那些调皮的孩子，不知道怎么跟他们的爸爸、妈妈交流。一个原则，只要幼儿的行为通过老师的教育能够改变，就不要向家长"告状"，要相信他们在你的班级里、在你的影响下会一天比一天进步！良性循环的力量一定会改变孩子的不良行为。长此以往，整个班级处处充满温馨的氛围，以此为基调形成的班级文化也一定是积极向上的。

4. 有特殊需要的孩子

诚如本章开篇所言，每一个孩子犹如百花园里的一朵花，有特殊需要的孩子亦是，只是这朵花需要一些特殊的照顾。既然是百花园中的一朵花，那就请你用看待其他花朵的眼光来看待这朵花，用呵护其他花朵的那份心来呵护这朵花，甚至要把爱多分一点给他，因为他降临到这个世界的时候得到的比别人少了一些。

能遇到有特殊需要的孩子，也是你跟他们的缘分，请珍惜。让我们拥有像日本幼儿教育大师津守真教授所说的那种情怀——"和孩子们一同生活的成人，不仅生活在自己的世界里，而且也被允许在孩子们的世界里生活，这是一件多么愉快的事情啊"；拥有他身上体现出来的使命感和职业观——"我们须小心翼翼地把握孩子心灵的细线，这些细线总有一天会编织出世界的未来。我们必须认识到，向孩子心灵深处那平静的水面上所投进的一粒一粒小石子，都会泛起波及几个世纪的涟漪"。"无论是哪一个孩子，作为一个人，毫无例外地都有培育的可能性。普通的孩子和有重度残障的孩子有一样的生活。”

那么，当你遇到有特殊需要的孩子时该怎么办呢？

创设接纳、欣赏的班级人文环境

学习接纳，学会欣赏不同，是助人品格教育的一项重要内容。一个班级好比一个家庭，每个孩子和老师、保育员都是这个家庭中的一分子，大家要学习欣赏这个家庭中的每个人的不同，接纳每个人的不同，彼此关爱、互助，整个班级的氛围必将其乐融融。你可以有意识地选择“欣赏差异”的主题，通过“不同的水果”“不同的花草”“不同的人”等活动，让孩子们体验、感知生活中同一个类别下的不同个体，继而理解每个人的不同，且每个人的存在都有其价值。同时，每个人的优势都可以成为帮助别人的力量。这样一种良好的班级氛围必定也会影响孩子们的家庭。

小心呵护有特殊需要的孩子及其家人

有特殊需要的孩子的家长往往很难正视现实，他们有着坚强的外表，却有一颗脆弱的心，心里有一个漆黑不见底的洞。他们躲避世人的眼光，不知道应该怎样把自己的孩子带到大庭广众之下，有的家长甚至连到幼儿园打探一下“我的孩子能不能上幼儿园”的勇气都没有，因为他们害怕被拒绝！他们希望人们不要把他们的孩子看成异类，渴望有人能帮助他们的孩子成为正常的人。因此，当你发现有个孩子跟别的孩子不大一样，他的某些行为跟班上大多数的孩子不合拍时，请先跟搭班的老教师说，由老教师婉转地跟家长交流；如果家长默默不语，你们可以在暗中相助；如果家长能正视现实，以积极的心态走出阴霾，接纳差异，那么你们要使出浑身解数来帮助他们。无论是哪一种状况，你都应努力成为他们有力的支持者！

每一个有特殊需要的孩子都有其特殊的一面

我们每一个普通人都有各自不同的需要，何况有特殊需要的孩子。华德福教育的创始人鲁道夫·斯坦纳博士认为，孩子都有他自己的一扇窗户可以打开，只是我们大人不一定找得到。让我们一起努力，帮助他们开启那扇窗户吧！

虽然我们极力反对给有特殊需要的孩子贴标签，但为了鉴别的需要，在此我们还是通过如下分类来讲述。

有分离焦虑的孩子

这类孩子是你接手一个新班级，尤其是小班时最容易遇到的。孩子从熟悉的家庭走进陌生的幼儿园，离开了养育他的成人，具有分离焦虑是正常的；哭两天，熟悉环境了，这种情绪自然就会消失。但是，有的孩子在一天内要重复上百遍“我要妈妈”“我要回家”，这就要引起你的注意了。此外，那些时刻抱着自己的小棉被、毛绒玩具、自己的衣服的孩子；那些频繁上厕所的孩子；那些不停眨眼睛的孩子；那些哭到嗓子哑哭不出声音的孩子……都需要你以极大的耐心和爱心去陪伴他们，让他们依恋你，觉得在你身边是安全的，直到牵着你的手时他们的脸上会绽放出灿烂的笑容。

有社会性退缩行为的孩子

这类孩子在班级里属于默默无闻的孩子，如果你不主动跟他们交流，他们可以一整天都不发声。有些孩子会伴有一些固执的行为，比如，只要妈妈带他出去吃饭，只认一家餐厅，而且就吃一种面条。由于他们几乎不与他人进行互动，也不会惹什么事，往往很容易被你忽视。针对这类孩子，你可以有意识地设计相关的主题，比如“朋友车”，即每天早晨来园时，让先到的孩子从小筐里（小筐里准备了班里小朋友的照片）随机抽取一个朋友，结伴组成一辆“朋友车”，接着这两个小朋友这一天都要形影不离地在一起：一起参加自主游戏、坐在一起吃点心、一起上课、一起吃饭、一起睡觉等。第二天以同样的方式进行，只是会换一个朋友。在一日活动中多开展交往性的游戏，尤其是需要结伴完成的游戏，拓宽他们交往的广度，再给予积极的关注，他们的行为慢慢会得到改善。

全面发展迟滞的孩子

顾名思义，这类孩子在各方面的发展都较同龄的孩子迟缓些。他们的动作僵硬缓慢，不够灵活；语言理解能力较弱，跟人的互动相应较少，很少主动跟人打交道；很少发生角色扮演游戏……这类孩子需要你放缓脚步，慢慢启发，等待其做出回应。同时，你也要鼓励班级小伙伴主动跟他一起玩，请他一起加入游戏，把他当小弟弟、小妹妹对待。此外，还可以建议家长寻求专业人士的帮助。当然，有条件的幼儿园可以跟大学院校合作，进行相关课题的研究。

轻度脑瘫的孩子

轻度脑瘫的孩子因为脑部发育受损，导致生理上有不同程度的缺陷，比如，肌肉的收缩和放松的能力比较差，导致行走的姿态和手指的灵活度受影响；口腔肌肉发展受影响，导致语言发展出现问题，口齿不清。还有的脑瘫孩子，智力较一般孩子低下。针对这类孩子，除了整个班级给予他们关爱之外，你还要和专业团队合作，对他们进行有针对性的培训。必要时，建议家长到医院就医。

有自闭症倾向的孩子

自闭症孩子是当今社会越来越关注的一个群体。2007年12月，联合国大会通过决议：从2008年起，将每年的4月2日定为世界自闭症日，以提高人们对相关研究与诊断，以及自闭症患者的关注。有自闭症倾向的孩子具有目光不会与他人对视、生活在自己的世界里、有刻板行为、特别喜欢旋转的物体等明显的特征。目前，人们尚无法了解其病因。不过，人们在改善其行为策略上进行了大量研究和实践，一些行为改变技术和艺术治疗等应运而生。如果你遇到了有自闭症倾向的孩子，那么你应该为他创建融合环境，帮助他走出自己的世界，学着跟人打交道。同时每一个有自闭症倾向的儿童都不同，应邀请专业人员针对前期的评估对其进行有针对性的个训。

以上内容并没有涵盖所有有特殊需要的孩子。遇到一个有特殊需要的孩子，意味着你拥有了一个学习的机会。抱着选择职业的初心，怀着极大的爱心与耐心，倾注你的满腔热情，寻求专业人士的支持，加上自学、实践和积累，你一定能成为团队中的佼佼者！

第四章

迎接小朋友的到来

万事开头难。准备开学工作、迎接小朋友的到来是作为新教师的你踏入工作岗位后面临的第一个挑战，它意味着你开始以一名幼儿教师的身份去面对自己的服务对象——孩子和家长。因此，无论是做好开学准备工作，还是迎接孩子第一次上学，你都会感到无限的压力，甚至引发焦虑情绪。本章会详细为你介绍一些小贴士，帮助你高效地迎接小朋友的到来。

1. 布置“新家”迎接孩子

幼儿园的教室是幼儿生活、学习、活动的主要场所，是入学新生的新家。幼儿身处布置好的“新家”中，里面的格调和布局不仅能对幼儿产生心理暗示，也能诱发幼儿的积极行为。因此，作为新教师的你——无论是独立执教，还是做老教师的助手，在开学前都要根据教育目标，着眼于幼儿的身心发展需要，对本班教室进行精心布置、装饰，创设一个像家一样温馨有爱，又具有独特味道和教育意义、受幼儿喜欢的环境。

布置前的准备

开学前，幼儿园会根据本学期幼儿入园人数和园内资源调整各班教室。你在得到教室分配的通知后，首先要到教室现场考察。从专业的角度，检查所有设施，包括门窗、门锁等是否存在安全隐患，发现隐患后，立即采取相关措施。比如，检查教室的电源插座和开关是否安装在安全的地方，如果安装的位置比较低，一定要请电工师傅装上安全罩，以防孩子触电。尤其是紫外线消毒灯的开关，除了要安装在离地2米的墙面上以外，还要做上明显的标志等。此外，如有损坏的设施，要及时报修处理。同时，要积极配合老教师和保育员，搞好教室的卫生清洁工作。然后，绘制教室平面图，结合教室周边环境，与老教师一起制订布置方案。经过讨论修改确定方案后，对其进行分解，然后列出各类装饰材料清单，提请园部采购或去资料室领取。

布置的原则

在对教室进行布置时，你要注意以下三点：

要符合本班幼儿的年龄特点

幼儿是“新家”的小主人，不同年龄段的幼儿对“新家”的要求也不尽相同。因此，你和老教师在商量、规划“新家”的时候，要根据家庭访问材料，找出大多数幼儿的特点，充分考虑幼儿的发展需要，设计出符合本班幼儿的年龄特征、生活特征的教室布置方案。比如，小班幼儿刚入园缺乏安全感，应给他们创设一个温馨、和谐的像家一样的环境，用幼儿自己喜欢的玩具、幼儿家庭的照片等来营造家庭氛围，帮助幼儿顺利度过入园适应期，尽快融入幼儿园的集体生活。中大班幼儿的教室环境布置可以偏重知识性的内容，也可以是幼儿当前最感兴趣的问题或具有探索性的内容。比如，我园幼儿晨间入园时首先要做的一件事就是“插签到牌”，小班的签到牌可设计成可爱、有趣的卡通形象（见图4–1），从而吸引幼儿的注意；中班的签到牌可与情绪角融合（见图4–2），让幼儿除了表达情绪外还可以学习

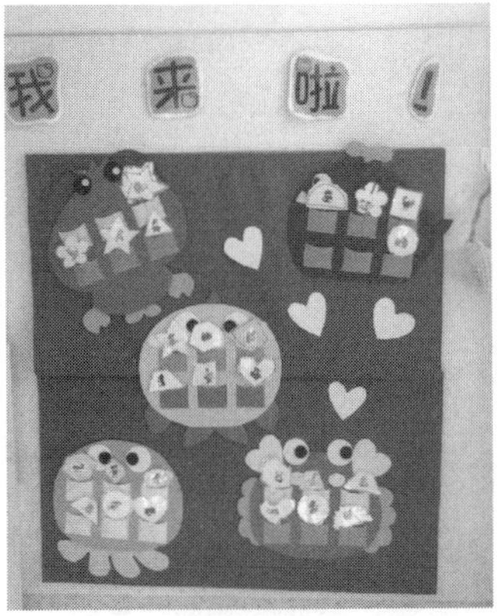

图 4–1

图 4–2

统计数量；大班的签到牌可融合“认识时钟”的知识（见图4–3），培养幼儿的时间观念和按时来园的习惯，让幼儿为顺利进入小学生活做好心理准备。

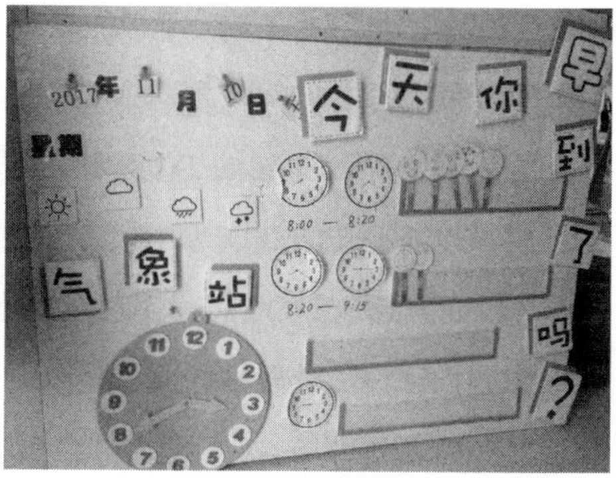

图 4–3

要整合幼儿园的教育理念

幼儿园教室的环境布置无形中彰显着一个班的班级文化。在布置“新家”时，你先要有意识地了解所在幼儿园的教育理念、课程特色，独立地或者协助老教师把幼儿园的教育理念、课程特色融入整个“新家”的装饰规划中。比如，我园秉承的教育理念是“爱与尊重”，那么在布置“新家”时就要充满童趣，并且注重幼儿和环境的互动性，为幼儿提供有亲和力的环境。又如，我园实施的是以情感教育为宗旨的织网式课程，那么在布置“新家”时就要突出设置朋友屋（见图4–4）、悄悄话屋、心情小站（见图4–5）等情感区域，鼓励幼儿之间通过多种方式进行表达和交流。

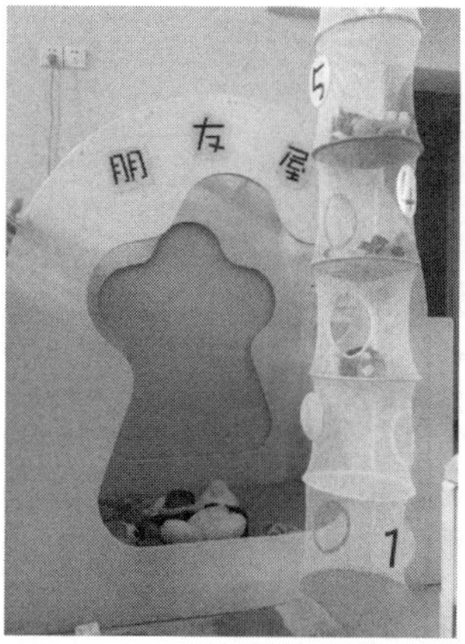

图 4–4

图 4–5

要体现美感，重视环境的整体协调

在幼儿园的环境布置中，色彩是最核心的元素，一般会以一种颜色为主色调，若干种颜色为辅，唯有主配色之间协调搭配，才会有美感。所以，在布置教室时，你首先要了解所在幼儿园的主色调，把“新家”与幼儿园大环境有机结合起来。比如，我园的主色调是黄绿色，在布置教室时，可采用一些黄绿色的薄纱作为空间隔断或者装饰。另外，在高度方面，以幼儿的视线为准，布置要错落有致。其中，高的地方可以放一些供幼儿欣赏的艺术作品，让幼儿在潜移默化中提高审美能力；低的地方可以设计一些能与幼儿互动或需要幼儿操作的内容，让幼儿在互动过程中获得认知体验。教室前后方向的布置要有纵深，有显有隐。教室的前面一般为主题墙，并适当留出一块空间，做集体讨论活动的场地，教室的后面或左右两边可布置成大小合适的活动区（见图4-6）。一个温馨舒适的环境能使幼儿和家长走进教室时感到愉快舒适，受到美的熏陶，还能让幼儿在与环境的互动中获得各方面的发展。

图 4–6

最后，在布置教室时还可适当留白。你可以和幼儿一起商量布置的内容，然后收集材料，请幼儿进行创作，最后和老师一起布置，展示幼儿的作品。

布置的方法

在布置“新家”时，你要依据既定方案确定操作流程的先后。你可以先从划分教室功能区域入手，除了创设一些常规性的区域之外，还应根据班级的实际情况创设有特色的区域。同时，你也不要忘了布置丰富多彩的主题墙、家园联系栏，使“新家”富有独特的味道。在布置的过程中，你应该多向老教师请教。如果有临时修改规划的想法，要大胆说出来，主动协助老教师做好工作。

创设班级区域，满足幼儿的需要

你应该根据自己班级幼儿的需要、兴趣和主题教学内容等设置活动区，并提供丰富的材料吸引幼儿，让幼儿在游戏中探索、发现。

新入园的小班幼儿或者托班幼儿容易产生分离焦虑和缺乏安全感，所以你应为他们创设一个温馨而熟悉的“新家”，让它处处充满家的味道、爱的温暖，让幼儿得到情绪上的安抚和心理上的安慰。

第一，要从幼儿的生活着手，创设自然熟悉的生活情境。比如，开学前请家长把幼儿最喜欢的玩具带到班里，这样幼儿来园的时候就可以玩一玩心爱的玩具；也可以让家长把幼儿的水杯、小枕头、小毯子带到幼儿园，这些幼儿熟悉的生活用品会让他们感到亲切，容易形成对“新家”的认同感和归属感。

第二，巧妙创设娃娃家，满足幼儿的心理需求。新入园的幼儿通常喜欢独自游戏，不与他人合作、分享，因此你可以将活动室分为几个区域，创设多个娃娃家，并为他们提供洋娃娃、小床、餐具、桌子、椅子等；还可以将幼儿在家常玩的玩具、生活用品摆放在娃娃家，使娃娃家更有家的味道，让幼儿感到在娃娃家就像在自己的家里一样温馨、舒适。最好在娃娃家投放几个电话机（见图4-7），因为刚入园的幼儿很渴望给自己的亲人打电话，期待从打电话

图 4-7

的过程中获得情感的安抚与慰藉。

第三，创设悄悄话屋或者情绪角。幼儿早上入园时，可引导他们按照自己入园时的情绪在自己的照片上贴笑脸或哭脸，这样做既让幼儿宣泄了情绪，又能帮助你了解幼儿当天的情绪，然后有针对性地对幼儿进行引导，让他们把对家人的依恋转移到你身上，对你产生亲切感和依恋感。你还可以在悄悄话屋放置沙发、软靠垫等，让幼儿相互间说说悄悄话，使幼儿有一个情绪表达的空间，缓解幼儿的分离焦虑。

中大班幼儿已经适应了幼儿园的生活，发展需求也相应发生变化。中班可创设以操作、探索或反映社会生活为主题的区域，如科学区、角色区等。你可以在科学区设计许多科学小实验，让幼儿在动手实践中探索、积累。角色区的主题应是幼儿熟悉、了解、接触过或者感兴趣的，如餐厅、超市、医院、邮局、图书馆等。幼儿通过扮演不同的角色，了解各个角色的适当行为方式，发展社会性。

大班可结合幼小衔接创设系列区域，吸引幼儿在其中活动。比如，阅读区里幼儿读童话、拼古诗、对成语、利用字卡玩“你说我做”游戏等，在听说读写中尽情徜徉；益智区里的幼儿在各种棋类游戏中展现着独有的智慧，在自主的数学操作中掌握排序的规律、数字的分成方法、空间方位的神奇等；在科学区里探索电的秘密、颜色的融合、磁铁的特性，在操作中激发探究的好奇。

布置丰富多彩的主题墙，引导幼儿积极互动

主题墙的创设是根据本学期班级主题的实施而变化的。当你和老教师商量确定好实施的第一个主题后，可以先收集一些材料，并根据幼儿的兴趣和需要，把直观、生动、形象的资料布置在主题墙上，也可以用思维导图的形式展现主题实施的脉络，使幼儿和家长一进“新家”就知道班里要实施的主题是什么、是怎样组织实施的。比如，我园开学初开展的主题是“我的图书去旅行”（见图4-8），主题内容包括幼儿选择图书、分享图书、阅读图书、交换图书、寻找图书。你可以用思维导图的形式将幼儿选择图书、分享图书、阅读图书、交换图书、寻找图书的过程展现在墙面上，也可以利用图书袋将幼儿带来的图书布置成一面图书墙。不过，墙面布置的位置一定要低一些，以便幼儿能时常分享图书，享受阅读的快乐！在布置墙面时，还要注意整幅画面构图尽量饱满，安排要有主次。比如，在创设“美丽的杭州我的家”的主题环境时，墙面中间是幼儿最喜欢的景点图片，墙面周围是幼儿游玩景点时拍的照片、杭州特产的图片等（见图4-9）。

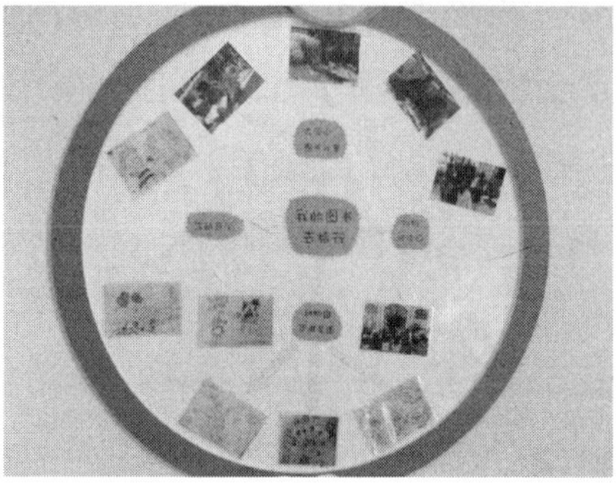

图 4-8

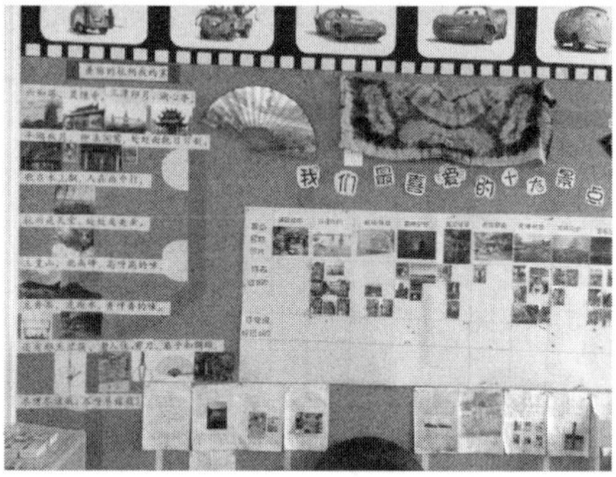

图 4-9

悬挂吊饰，装饰或者分隔空间

你可以在空中悬挂一些吊饰来装饰或者分隔空间（见图4-10）。吊饰可以自制，也可以购买，但是色彩要与班级的主色调协调。

图 4-10

创设家园联系栏，力求家园共育

家园联系栏是班级的一个重要窗口，一般都设在教室门口最显眼的位置。你可以从老教师那里了解之前栏目的设置情况，也可以根据开学初迎接孩子的需求，对原家园联系栏增减栏目。家园联系栏一般包括一周计划、温馨提示、请您阅读、学的本领等板块。其中，一周计划，主要是告知家长正在开展的主题活动，包括主题目标、主题内容、区域活动和一周五天的安排等；温馨提示，主要是提醒家长需要注意的一些事项，比如，要给孩子带换洗的衣服等；请您阅读，主要是张贴一些帮助家长树立正确的家庭教育观念和科学育儿理念的文章，比如，《如何让幼儿尽快适应幼儿园》《正确看待新生入园焦虑》等；学的本领，主要是向家长介绍幼儿在园学习的具体内容，包括儿歌、故事、歌曲等，使家长能及时了解以及共同参与幼儿的学习，提升幼儿学习的兴趣。这些信息可以使家长了解幼儿园的活动安排，更好地配合你的保教工作。除了设置这些板块以外，你还可以发挥你的美术特长，对栏目进行装饰，增加美感（见图4-11）。

图 4-11

2. 开学第一天

初为人师的你在开学第一天，或许会比较紧张，但只要提前做好各种准备工作，用热情的态度来迎接幼儿，用富有班级特色的活动来吸引幼儿，用亲切的态度来接待家长，就一定会有一个良好的开端，让幼儿快乐入园，让家长放心离园。

准备工作

开学当天，教师可略化淡妆，穿着要自然大方、舒适简洁。这样，不仅便于你的身体活动，还可以显得既漂亮又端庄，让自己在幼儿和家长心中留下良好的印象。开学第一天，你要早一点来到本班教室，复查已经提前做好的各项准备工作，如整理活动室、检查各活动环节需要的材料、准备接待家长时记录家长需求的记录本等。发现有遗漏的，要在幼儿来园之前准备好。如果有时间，还可以拿出班级幼儿的名单，结合幼儿的照片耐心地记忆每一个孩子的姓名，因为幼儿特别喜欢叫得出他们名字的老师。然后，播放幼儿喜欢听的音乐。一切都准备就绪后，你可以微笑着站在活动室门口，迎接即将到来的幼儿和家长朋友。

迎接孩子

幼儿来园时，你要面带微笑地迎接他们，通过与幼儿短暂交谈，观察幼儿的情绪状态。作为新教师，孩子们对你会有一些陌生感。此时，你可以用亲切的语言叫出他们的名字或者小名，与幼儿拥抱问好，摸摸他们的头或拉一拉他们的小手，让幼儿感受到你对他们的爱；与幼儿交谈的时候，要蹲下身来与幼儿平视，对幼儿说一些鼓励的话语或者聊聊他们感兴趣的话题。比如，“你能高高兴兴地上幼儿园，真棒！”“你喜欢玩什么样的玩具？”“你最喜欢看什么动画片？”“老师带你一起去找找你的小抽屉，好吗？”另外，根据幼儿的不良情绪容易转移的特点，你可以提供新奇的玩具、有趣的游戏来吸引幼儿自由选择游戏区，转移他们的注意力。

接待家长

接待家长既是日常工作，也是你与家长建立良好关系的机会。认真做好接待工作，会增加家长对你的信任感，在工作上获得家长的支持与配合。接待家长的工作分为来园接待和离园接待两方面。

来园接待时，你的态度要亲切，仔细聆听家长交代的事情，对家长关照的特殊情况要做好记录。与家长进行交流时，你要学会“不卑不亢”，行为举止要得体。无论遇到什么情况都不能对家长发火。比如，小班或者托班幼儿第一天入园，家长很不放心孩子，就会对老师提出很多要求，比如，提醒孩子多喝水、午睡陪着孩子睡、孩子有点咳嗽不能吃鱼虾类的食物、饭后半小时让孩子服药等，你要耐心倾听、积极回应。如果有可能，将家长的要求直接写在事先准备好的“为家长服务记录本”上，这样能使你更好地照顾好每一个幼儿。另外，作为新教师，家长刚开始可能对你抱有怀疑的态度，喜欢找老教师了解情况，这很正常。只要你把工作做细，爱护孩子，时间长了，家长自然就会与你建立信任感。

离园接待时，主动与家长、幼儿说再见，可以与家长进行简短的交流，和家长说说幼儿在园的趣事，让家长感受到你对孩子的关注。针对身体不适的幼儿，你要向家长反映幼儿的身体状况和保健医生的建议；如果幼儿不小心受伤了，你一定要如实告知家长事情发生的经过，并表示歉意。你也可以准备一个小本子，把一天中需要跟家长交代的事情记录下来，及时和老教师分享交流。对于家长咨询的问题，要用自己所学的专业知识耐心解答；如果一时回答不了，可以先记录下来，通过多种途径寻求帮助后再为家长解答，让家长感受到你对工作的用心和投入，赢得家长对你的信任。

开展班本迎新活动

开学第一天，你可以根据班级情况，开展富有特色的班本迎新活动，把幼儿一天的快乐情绪调动起来，增加他们对你的熟悉感。比如，从家访或在新生访谈的记录表中你了解到，班里的某些男孩子比较喜欢玩汽车玩具，那么你就可以创设“城市马路”的游戏情境，让孩子们在“开汽车”的游戏中充分体验玩汽车的快乐。

如果你接手的是新入园的小班幼儿，那么你可以事先与大班老师沟通，邀请大班的哥哥、姐姐来给小班的弟弟、妹妹表演节目，如歌唱表演、模特表演、童话剧表演、手指游戏等。如果你接手的是中大班的幼儿，你要主动组织一些大带小的活动，带领班里的幼儿跟小班的弟弟、妹妹一起做游戏。在这个过程中，鼓励幼儿跟着哥哥、姐姐一起表演。大班的哥哥、姐姐的精彩表演不仅能吸引小班幼儿的注意力，让他们不再大哭大闹，还会让他们觉得幼儿园比家里好玩，不知不觉开始喜欢上幼儿园。

另外，你还可以通过“拉火车”的小游戏，帮助幼儿获得对幼儿园新环境的认同感和归属感。在一条长绳子上配置25个不同色彩的圆环，彼此间隔30厘米。你拉着绳子头，引导幼儿从前到后一人拉住一个环。你可以带领幼儿拉着火车绳，边走边参观幼儿园环境，了解幼儿园有哪些好玩的地方；还可以带领他们看望幼儿园的工作人员，向他们友好地问好。

3. 面对有分离焦虑的孩子

新入园的小班孩子离开父母和家庭进入幼儿园集体生活，很多会产生入园焦虑。一些幼儿的入园焦虑会延续很多天，甚至超过一个月，这不仅会对幼儿的生活、学习造成影响，还会导致已经安静的孩子情绪反复，使原先制订的教育计划无法正常实施。因此，当幼儿出现焦虑情绪时，你要主动给予安抚，并根据幼儿焦虑情绪的表现和幼儿的特点来选择适宜的措施，如转移注意力、借助依恋物、悦纳幼儿的情绪、耐心等待并寻找时机、大带小活动等，帮助幼儿顺利度过入园适应期。

转移注意力

当孩子出现焦虑情绪时，你可以采取转移注意力的方法，让孩子将注意力转移到能给其带来快乐的事情上。比如，当小班幼儿因为想念家人而哭闹时，你可以提供新颖的玩具、给他讲故事、和他一起玩游戏、带他参观幼儿园等转移他的注意力，使其停止哭闹。

第一个来接

开学第一天，在教室门口，暄暄用小手拽着妈妈的衣角，嘴里大声叫着："我不要上幼儿园，我要妈妈！"老师微笑着迎上去把暄暄抱在怀里，安慰他说："暄暄最懂事了，有事情跟老师说，我一定会帮助你的。"话音刚落，暄暄就竖起右手的食指，边哭边说："我要妈妈第一个来接，好不好？"老师点点头说："好啊，中午12:00让妈妈第一个进教室来接你。现在，我们先在教室里玩一会儿。瞧！这里有这么多玩具，暄暄喜欢玩小汽车吗？”暄暄看看小汽车，渐渐止住了哭声。老师把他领到“城市马路”区域，还邀请几个不哭的小朋友和暄暄一起玩开汽车游戏。暄暄玩得很投入，他手里拿着小汽车，在马路上开来开去，还和其他小朋友比赛谁开得快呢！

案例中，教师将暄暄的注意力转移到他喜欢玩的汽车玩具上来，同时还组织暄暄和同伴玩一些互动游戏，使暄暄的哭闹不见了踪影。小汽车对暄暄是有吸引力的，在游戏中可以看出他对小汽车很感兴趣。因此，你在选择转移幼儿注意力的事物时，应首先思考该幼儿最喜欢什么，然后根据身边的资源，选择合适的事物来缓解幼儿的焦虑情绪。

借助依恋物

新生入园时，你会发现很多孩子抱着自己依恋的玩具或者物品上幼儿园。这些物品一般是可以被吸吮或触摸的，可以让孩子找到心理上的安慰，借以减轻或消除恐惧感和不安全感。这些物品有的是一条旧毯子，有的是一个软绵绵的毛绒玩具。它们在成人眼里毫不起眼，但是，对于孩子来说却是他们适应幼儿园新环境的情感支持，能有效地缓解他们紧张、焦虑的情绪。作为新教师的你，需要理解孩子的这一行为。

亲亲小毯子

从晨间入园开始，逗逗就一直抱着她的小毯子不肯放手。上课时，她把小毯子放在膝盖上；小便时，她把小毯子夹在腋下；睡觉时，她抱着小毯子，还不停地用脸在小毯子上蹭来蹭去，有时还会和小毯子说悄悄话，一直到睡着为止。午睡醒来一睁眼，她就急着寻找自己的小毯子，当发现小毯子好好地压在自己的棉被下时，就像发现了宝贝似的，连忙将小毯子抱在怀里，亲个不停。就这样，逗逗度过了在幼儿园的第一天。之后几天，有逗逗的地方就有小毯子，她和小毯子难舍难分。

逗逗是一个能够自己寻找情感支持物的孩子。小毯子对她来说有着独特的魅力，能带给她安全感、舒适感。因此，你应该同意并帮助她用这种方法寻找暂时的依恋感。当逗逗情绪稳定之后，再将她的注意力逐步转移到别的好玩的事物上。比如，上课时，你可以将小毯子折成一只"小兔子"，让它坐在逗逗旁边陪着她学本领；户外活动时，让"小兔子"看着逗逗从滑梯上滑下来，等等。一段时间后，引导逗逗只在午睡时把小毯子抱在怀里陪着自己入睡。就这样以循序渐进的方式，一步步引导幼儿把对家庭的依恋转移到对物品的依恋上，再由对物品的依恋转移到对幼儿园和老师的依恋上，顺利帮助幼儿度过入园适应期。

悦纳幼儿的情绪

悦纳幼儿的情绪，是指让幼儿知道你明白他的感受，让他知道你理解他、支持他。当幼儿出现焦虑情绪时，你要接受他真实的情绪反应与表达，而不是指责他。比如，看到幼儿哭时，你可以说："老师知道你很伤心，很难过！""我知道你想妈妈了！"同时，用温暖的眼神看着幼儿或者给幼儿一个拥抱，这样有利于幼儿平静下来。

我也想外婆

早上，陈老师整理完教室，正准备到门口迎接孩子，只见彤彤一路哭喊着，双手紧紧地拽着外婆的衣服走进来。陈老师连忙迎上去，蹲下身抱住彤彤，温柔地对彤彤说："我知道你不想离开外婆，让我来陪你玩一会儿好吗？"这时，外婆趁机离开了教室。

彤彤哭得更厉害了，边哭边喊："外婆，我想外婆。"陈老师抱着彤彤来到娃娃家的沙发上，边给她擦眼泪边说："你一定很难过！我小的时候也经常想外婆，那时我也会哭！你一哭，我也想外婆了。"说完，她假装着要哭的样子。一听说老师也想外婆，彤彤停止了哭喊，连忙抱住老师说："外婆也会想我们的，她们要去买菜烧饭。"说完，彤彤从沙发上站起来，来到电话机旁边，平静地给自己的外婆"打电话"，嘱咐外婆早点来接自己。

当彤彤出现分离焦虑时，陈老师利用悦纳幼儿情绪的方法来抚慰她，在向彤彤表达"我知道你不想离开外婆""你一定很难过"的同时，用充满爱的眼神、轻轻的抚摩、温暖的拥抱等肢体语言给彤彤适当的安抚，表达了老师对她的关爱。不但如此，她还把彤彤带到事先在班级创设的、像家一样温暖的娃娃家里，使彤彤由被动到主动，更快地从分离焦虑中走出来。

耐心等待并寻找时机

部分幼儿入园后，由于不能得到他们想要的关注而感到不安，常常用哭闹的方式来表达自己的需求，有时甚至哭个不停。当幼儿为了引起老师更多的关注而反复哭闹时，你一定要沉着冷静，不要被幼儿的情绪影响。如果此时你大声呵斥，只会让幼儿的情绪反应更激烈。你最好耐心等待，在他尽情宣泄之后，这种哭闹行为也许会自然消失，或者在他情绪平稳之后再寻找机会介入。

老师，你陪我

开学前几天，优优总是缠着许老师让她抱。当许老师安慰其他哭的孩子时，优优就会大声地哭，边哭边说："老师，你陪我！"

起初，许老师以为优优是因为害怕独处，于是将优优抱在怀里并告诉她，老师很爱她，但也要照顾别的小朋友。等她情绪稳定后，许老师又去忙着照顾别的孩子。这时，优优又开始喊着“爸爸妈妈”大哭起来。反复几次后，许老师明白了优优之所以哭，是想让老师多关注她。于是，许老师让优优坐在她旁边，还允许她暂时哭一会儿而不去打搅她，等她冷静后，再帮她擦眼泪和讲道理，并用“老师相信你，以后不会再随意哭闹了”的话来鼓励优优。

案例中，老师的拥抱和安慰暂时缓解了优优的一些焦虑情绪。其实，孩子的情感是需要宣泄和释放的。因此，针对反复哭闹的优优，许老师让她等在自己身边，先做自己正在做的事，允许她哭一会儿而不去打搅她。等优优情绪稳定后，引导优优去关注周围的环境，跟她讲道理，分析其行为正确与否，并用“老师相信你，以后不会再随意哭闹了”的话鼓励她。

大带小活动

幼儿园的大带小活动，是指让快乐的中大班孩子带动情绪焦虑的小班孩子活动起来，以帮助小班孩子减轻入园的焦虑情绪，较快地适应幼儿园的生活。孩子之间是比较容易相处和接纳的，有了中大班哥哥、姐姐的带领，小班幼儿知道在幼儿园要怎么做，并对中大班的哥哥、姐姐产生亲近感和依恋感，愿意和他们一起玩游戏，体验到在幼儿园生活的快乐！

好玩的扭扭车

户外活动时，中班的小朋友来到小班，每人认领了一个弟弟、妹妹，他们手拉手来到最受欢迎的扭扭车前。看着诱人的扭扭车，小班的孩子想玩，可是不敢玩；而中班的小朋友想玩，但是由于要照顾小班的弟弟、妹妹，不能玩，怎么办呢？有个中班小朋友灵机一动，取出扭扭车，让小班的弟弟坐在前面手扶方向盘，自己坐在后面用身体围住弟弟，双手也紧紧握住方向盘，然后双脚用力往后一蹬，扭扭车就向前开起来了。在这个中班小朋友的带领下，其他中班的小朋友也带着弟弟、妹妹玩了起来，让弟弟、妹妹觉得在幼儿园玩真快乐！

大手拉小手，营造了快乐的氛围！在大带小活动中，小班幼儿渐渐对幼儿园产生了兴趣，同时中大班的小朋友也增强了责任感和自豪感。

4. 班级常规教育

一进入班级，你面临的就是一群孩子，而不是单个的个体。学龄前幼儿固然可爱，但毕竟他们年龄小，自律性差，如果没有共同的守则，想干什么就干什么，那么班级就会乱成一团。所以，教师要和孩子一起制定准则，大家共同遵守。

从幼儿社会性发展的角度来讲，孩子长大后要想与他人和谐交往，被群体接纳，就要从小学会控制自己的行为，让自己的行为符合一定的标准。所以，遵守准则是每个幼儿都要学习的内容，是幼儿社会性发展的重要内容。

班级常规，就是班级的孩子们一起约定、共同遵守的规则。每个班级都有自己的常规，但是班级的两位教师和保育员要有统一的要求，不能每人有一套标准，更不能今天这样，明天那样，以免让幼儿无所适从。作为新教师，你在带班之前需要明确常规内容。

有些幼儿园可能会有统一的一日生活要求，有些幼儿园可能没有具体的要求。开学前，你一定要和班级老师、保育员商量对孩子的常规要求。如果与你一起搭班的是位老教师，她可能因为心中有数而忽略与你的交流讨论，那么你可以主动请教。

幼儿的生活、学习交织在一日活动中，所以幼儿园常规一般以一日活动流程为基准，对每个环节提出基本的要求。比如，针对托小班幼儿，有以下常规要求。

喝水

➢ 接水时一个一个轮流接，不推挤，不碰撞。

➢ 接好水后马上走到旁边喝。

➢ 喝完水后，把自己的杯子放回原处。

排队

➢ 在老师指定的地方耐心地等待小朋友。

➢ 跟着老师走，不抢先，不落后。

➢ 在队伍前进的过程中，不随便离开队伍。

➢ 在队伍行进中，不玩耍，不推挤。

如厕

➢ 自己能独立如厕，集体活动时尽量不上厕所。

➢ 到指定的地点大小便。

➢ 当拥挤的时候能适当等待。

➢ 便后记得洗手。

洗手

➢ 把袖子挽起来。

➢ 控制好水龙头的出水量。

➢ 洗手步骤：冲水—抹肥皂—搓手心—搓手背—搓指缝—冲水—关笼头—擦干。

➢ 当拥挤的时候能耐心地等待。

区角活动

➢玩玩具时不争抢，想玩别人的玩具时，要征得对方的同意。

➢玩具用一件拿一件，不把所有的玩具都放在自己面前。

➢玩具从哪里拿来要放回哪里去，玩好玩具及时收好。如果玩具掉在地上，要及时捡起来并放回玩具筐。

➢积极参与游戏活动。

➢爱护玩具，不破坏玩具。

不同幼儿园的常规要求也略有差异。前面已经讲了培养幼儿班级常规的一些方法，这里重点阐述一下新教师容易存在的一些误区。

将维持纪律作为常规教育的唯一目标

有些新教师认为，常规教育是为了“能够维持日常的教学秩序，以提高课堂教学的效率”，因此在教育过程中就会不自觉地采用一些高控制的、立竿见影的教育手段来达到让幼儿即时顺从的目的。从短期来看，这样做确实有一定的效果，但长期的效果并不太理想，因为幼儿不理解常规且不能自觉地控制自己的行为，只是在教师训斥或惩罚时，迫于教师的权威而表现出情境性顺从行为。一旦外在压力消失，他们又会恢复原来的行为模式。

以整齐划一来衡量常规教育的成效

新教师往往喜欢用“一步到位”或“到什么时间就必须做什么事情”来要求幼儿，而以“整齐划一”来衡量常规教育的效果，就会导致在抓常规时忽视或无视幼儿的个体差异和年龄特点。

以听话作为评价幼儿的标准

听老师的话或按照老师的要求做的孩子，常会被老师表扬，也常被认为是遵守规则、自控能力强的孩子。以是否听话来要求或衡量孩子，容易对孩子产生误导，使他们只是为了得到老师的表扬而暂时控制自己的行为，这不仅不利于孩子形成真正的自控能力，而且容易导致被表扬的孩子在集体环境中过度地控制自己的行为。

将常规教育封闭化

把常规制度看成不能变通的制度，会导致教师对班级管理的僵化，不仅很难满足教育情境中幼儿的真实需要，而且会使幼儿缺乏用自觉接受规则来约束行为的内在动力；此外，将常规教育仅仅限制在幼儿园，容易导致家庭与幼儿园要求不一致甚至相反。

针对常规教育存在的误区，你需要把握以下几点。

尊重与合作：常规教育的情感基础

对于学前儿童而言，他们最初遵守规则，以他们对发布命令者——教师权威的“单方面尊重”为前提。儿童心理学家皮亚杰把这种仅停留在盲目服从权威，而不加以反思的道德水平称为他律道德。与他律道德对应的是支配型人际关系，即成人以专制的方式与孩子交往，直接命令孩子该做什么或不该做什么。孩子的行为基本受外在的要求和诱因支配，而非出于内在的兴趣和价值观。随着孩子认知能力和社会性的发展，他们逐渐摆脱成人的控制，开始与成人建立一种合作型人际关系和互敬互惠的道德情感，这种情感在一定程度上促使儿童达到自律道德水平。

由此可见，一方面，对教师的尊重是幼儿良心和责任感得以产生的源泉，因此常规教育的顺利进行需要借助教师的威严。另一方面，教师不能仅仅依靠威严和权力来控制幼儿，要想让幼儿真正获得自律和自控能力，成人还应随着幼儿认知能力的发展，逐渐放弃一些不必要的权威，尊重幼儿的意愿，营造相互尊重、相互合作的情感氛围。

理解与内化：常规教育的出发点

幼儿对行为的自控，既取决于“知”，也取决于“行”，而真正可迁移的自控能力应该是“知”与“行”的统一。皮亚杰指出，处于前运算阶段的学前儿童其自我中心的思维特点，导致他们对规则的理解存在一定的局限性。它具体表现在：第一，出于对教师的尊重，幼儿往往在没有理解规则的情况下便盲目服从，把规则当作一种不可违背和变通的规矩；第二，他们只是刻板地遵守规则，不能理解规则背后的精神实质，更不能做到举一反三；第三，他们只会从表面可观察到的因果关系出发，对行为的后果进行评价，认为对违规行为的处罚应以行为后果的严重程度为依据，而不会从人内在的意图、愿望、动机等出发进行推论。

依据学前儿童对规则认识的特点，在对幼儿提出常规要求时，你不能简单地停留在告诉幼儿不能做什么或应该做什么，而是要促进其理解制定这些规定的理由是什么。

有效交流：常规教育的重要手段

合作的人际关系和幼儿理解能力的提高，是促使幼儿形成自控能力的重要条件，而要形成相互理解和合作的人际关系、实现对规则的真正理解和内化，则需要师幼之间、幼儿与幼儿之间开展有效的交流。由于幼儿之间已有的经验、气质特点等方面存在差异，所以幼儿之间的有效交流就显得更有意义了。那些社会经验丰富、道德和社会规则内化水平高的幼儿，能为其他幼儿理解和内化规则提供示范。当幼儿拥有可以从不同观点和角度看待问题的能力时，他们就更有可能做到对行为的自控。

自主性：常规教育的起点和归宿

自主性的本义，是指个体自己管理自己，较少依赖或受他人的规定和指示的影响；而真正的自我控制，是指主体在行为上摆脱了外在的束缚，根据内在的准则来调节自己行为的状态。因此，从本质上说，自我控制是自主性的体现，常规教育的长远目标应该着眼于提升幼儿的自主性。

第五章

组织美好的幼儿园一日活动

幼儿园的一日活动关乎幼儿的生活、学习、运动、交往、游戏等各个方面的内容，组织好幼儿园的一日活动，是教师最为基本也是最为重要的工作。

作为新教师，你也许认为集体教学活动才是最重要的。事实上，幼儿发展是一个整体的发展，是健康、社会、语言、科学、艺术五大领域的均衡发展，而一日活动涵盖了这五大领域的内容。因此，你要重视幼儿园的一日活动，建立科学的儿童发展观，了解幼儿园的一日活动的具体内容和组织方法，做计划、落实践、多交流、勤反思，不断提高组织一日活动的能力，让幼儿在幼儿园度过充盈、美好的一天。

1. 计划幼儿的一日活动

一直以来，幼儿园对优化一日活动的探索从来没有停止过。不论你是在学校学习，还是去各个幼儿园实习，首先面临的就是要计划、组织幼儿的一日活动。一日活动的计划和组织能力，也体现了一名幼儿教师的教学能力。

这天，搭班的老教师把班级一日活动框架表交给新老师——西西老师，并告诉她照着上面的流程，把具体的内容填进去就可以了。于是，西西老师非常认真地开始撰写班级一日活动计划。在撰写计划时她发现，不同幼儿园的一日活动安排，不论是时间安排、内容安排还是课程设置都有所不同。这使得西西老师提出疑问：为什么不同的幼儿园会有不同的一日活动安排？计划幼儿的一日活动安排应基于怎样的原则？怎样的一日活动是科学的、优质的……

幼儿的一日活动，是指幼儿在幼儿园一天里进行的所有活动，如入园、进餐、午睡、如厕、活动区游戏、户外活动、教学活动、收拾整理活动、环节转换等。“一日活动即课程”，幼儿园一日生活中的所有活动都会对幼儿的成长产生影响。因此，计划、安排好幼儿在园的一日活动非常重要。那么，如何科学、合理地安排好幼儿的一日活动，使之真正能促进幼儿快乐地成长呢？

作为新教师，你在计划安排幼儿的一日活动之前，需要明确以下几点：

基于幼儿园教育理念来组织安排一日活动

幼儿园一日活动的组织安排与幼儿园的教育理念、课程观密切相关，同时也展现了一所幼儿园对儿童、儿童学习和发展的特点、儿童期价值的认识和态度。因此，教师先要有意识地了解自己所在的幼儿园的教育理念，以及对幼儿园一日活动的追求，然后再来制订一日活动计划。

比如，我园秉承的教育理念是“爱与尊重”“科学养育孩子”，幼儿园一日活动的目标是追求优质的一日活动，让幼儿在园积极放松并快乐地成长！基于以上理念，我园的一日活动安排注重多领域平衡和动静平衡；关注人与人、人与物的情感互动；搭建助推幼儿主动发展的多维支架；为幼儿提供充足的自主和选择的权利……

一日活动的时间安排是块状的而非点状的

幼儿是发展的主体，幼儿的学习和发展是幼儿主动建构、自我发展的过程，有着独特的发展节奏和速度，具有明显的个体差异。因此，幼儿园一日活动安排应该开放自主、灵动弹性，而不是封闭高控、整齐划一，在时间规划上应该是块状的而不是点状的。有了大块时间的设置，幼儿才有可能依据自己的兴趣、特点来把握自己的活动节奏，有“长时间做一件事情”的可能。

比如，我园为了改变以往点状的时间安排所造成的教师高控、幼儿紧张忙乱的一日生活状态，将统一安排的生活活动，包括如厕、喝水等，改为幼儿依据自己的需要、自主灵活地分散进行；将集中进行的点心时间改为自助吃点心；将晨间谈话活动改为在餐前、睡前过渡环节中进行；将早操与晨间锻炼进行融合。整合、优化以上环节后，一日活动由零碎变为块状，更加富有弹性。

一日活动的组织安排要保证幼儿有充足的自主性和选择性

《浙江省幼儿园等级评定实施办法（试行）》提出，一天中幼儿要有充足的时间自由游戏，小班为120分钟以上、中班为100分钟以上、大班为90分钟以上，同时至少有一次机会可以连续进行45分钟以上的自由游戏；班级环境中要提供多种选择，让幼儿拥有自主选择区域材料（至少5种以上）和玩伴，以及独立开展活动的机会；减少对活动场地和材料的限制，提供充足、多样化、不同结构的游戏材料，让幼儿可以依据自己的兴趣，自主选择活动场地和材料，自由结伴来进行游戏活动；要把游戏中的指导和互动作为促进幼儿发展的有效途径。

基于以上要求，我园晨间的自主锻炼活动提供了不同结构、品种丰富、数量充足的材料，让幼儿自选材料，自主构建运动情境，自由结伴开展运动。至于幼儿园的室内自主游戏，则将所有的材料由固定区域摆放调整为相对区域摆放，设置材料架，让幼儿依据自己的游戏需要选择、放置材料及创设游戏区域等，从而保证一日活动中幼儿有充足的自主性和选择性。

一日活动的组织安排表不是固定不变的

计划并撰写一日活动安排表，能让教师清楚地知道自己在何时该干什么。特别是对于新教师来说，一日活动安排表就是一个工作流程。但是一日活动安排表只是设计了一个大致的流程，实际工作要视幼儿的状况而做调整。也就是说，幼儿在园何时游戏、休息等，虽然已经由教师事先规定好了，但在实际操作时，你仍然需要时时观察幼儿，基于幼儿活动的兴趣、实际状况做出适时、适宜的调整。

你可以遵循以上四点设计一日活动的基本框架，然后进一步详细撰写其中各个环节的内容、要求。不同的幼儿园在撰写一日活动计划方面，对于格式、形式等都有不同的要求。对于新手教师来说，你首先要了解本园一日活动计划的基本格式，先把格式套牢，再填充内容。

比如，我园的一日活动计划主要从以下几方面来制订：

➢ 活动名称：指一日活动的各个环节的名称。

➢ 活动内容：指幼儿在该活动中主要做些什么。

➢ 活动准备：指活动的物质准备和幼儿的经验准备。

➢ 活动指导：指活动中教师如何指导幼儿，重点做些什么，需要解决什么问题。

需要注意的是，在撰写过程中，你要将《指南》中的儿童学习与发展目标牢记在心，并以此作为指引。你还要尽量写得详细，把能考虑到的因素尽量考虑进去。比如，遇到下雨天，原本安排的室外活动无法进行时，怎么办？主题活动因为探索的需要可能会一直持续，影响了之后的游戏活动，那么游戏活动如何保证……思考得越全面，你的一日活动就会组织得越灵活有序。另外，你还要避免写套话，避免在计划中只写“认真照顾”“细致观察”“关注个别儿童”，缺乏具体的操作方法。特别是活动指导，要基于自己班级的实际情况来写，让计划真正对自己的实践工作产生帮助。

另外，一日活动中的个别化教育非常重要。作为新教师，你可能无法做到像老教师那样能在随机事件中，游刃有余地对幼儿进行个别化教育，因此，你要有意识地针对个别幼儿的教育问题事先做好“功课”，在一日活动计划中做好有关个别教育的观察、互动方法等相关内容的思考。

总之，幼儿园的一日活动是丰富多彩的，同时又是稳中有序的。一日活动计划表既能帮助你尽快熟悉幼儿园一日工作的内容、要求，又能使你的每一个教育行为做到有目标、有方法、有实效。因此，你要认真对待、用心撰写，为自己获得专业成长迈出扎实的一步！

我园某大班一日活动计划

一、入园活动（7:50—8:20）

活动内容：进门五件事

1. 幼儿用自己喜欢的方式与教师礼貌问好，和家长道别。

2. 插签到牌（包括名字牌、入园名次牌和情绪脸谱），表达自己的心情，知道自己的入园名次。

3. 洗手，喝水。

4. 观察教室里的温度计，读出温度并在记录册上记录。

5. 和老师一起整理、清理教室或自由选择区域活动。

活动准备

签到牌、温度计、气温记录册；抹布等劳动用品。

活动指导

1. 与幼儿拥抱问好，和幼儿愉快交谈，观察幼儿的情绪状态。如果发现幼儿有不良情绪，要认真倾听并给予疏导。

2. 和家长进行简单的交流，做好幼儿服药登记等工作。

3. 关注幼儿的名字牌和入园名次牌插得是否正确，和幼儿一起说一说“今天和昨天相比，名次是前进了还是后退了？前进了几名？后退了几名？”等。

4. 提醒幼儿认真洗手、及时喝水，并插上用来记录喝水次数的吸管。

5. 观察认真参加劳动的幼儿，并及时给予鼓励。

二、晨间锻炼（8:20—9:15）

活动内容1：自选运动

活动准备

高低不同的双梯4架、单梯2架；滑板8块、手推车3辆、轮胎6个；若干长短不同的条凳、奶粉罐；大筐（放置幼儿在活动中脱下来的外衣）、餐巾纸（擦鼻涕、擦汗等）。

活动指导

1. 提供多样化的运动材料，鼓励幼儿选择不同的材料，自主建构具有挑战性的运动情境，在运动中不怕困难。

2. 细致观察，了解不同幼儿的运动状况，采用不同的形式进行指导。

3. 与幼儿一起运动，通过身体示范、口头讲解等帮助幼儿学习。

4. 在原有基础上，适当提高情境难度，提升幼儿的动作水平。比如，在“过小桥”游戏中，如幼儿已能轻松地过小桥，教师摇晃“小桥”，增加过桥的难度，以便更好地锻炼幼儿的平衡能力和克服困难的勇气。

5. 关注动作发展相对迟缓的幼儿，引导他们竖立新目标，争取获得进步。比如，在学习跳绳时，鼓励原本还不能连续跳的幼儿努力学习连续跳；对于能连续跳的幼儿，则促使其在原有跳的数量上逐步增多。

活动内容2：大家一起做早操

活动准备

拉拉花、早操音乐。

活动指导

1. 和幼儿一起做操，以积极的精神面貌感染幼儿。

2. 观察幼儿做操时的精神状态，用微笑、点头等积极的肢体语言和适时的口令、动作与幼儿互动。比如，在两套操的间隙与幼儿双手击掌，给予每个幼儿以关注和肯定；邀请幼儿担任“小小领操员”，激发幼儿的责任意识。

三、生活活动（9:15—9:25）

活动内容：解小便、洗手、喝水、自助吃点心

幼儿依据自己的需要解小便、喝水、自助吃点心。在自由活动、小组学习、个别化活动中，幼儿可以根据自己的需要随时如厕、饮水，但尽量别在集体活动时如厕。

活动准备

洗手液、毛巾、水杯、水、自助点心桌、点心。

活动指导

1. 注意观察幼儿洗手时能否把袖子挽上去，能否节约用水。

2. 关注幼儿的倒水量，鼓励幼儿多喝水，并及时插上用来记录喝水次数的吸管。

3. 提醒幼儿吃完点心后插牌。

四、主题探究活动（9:25—9:55）（具体内容略）

五、区域活动（9:55—10:30）

活动内容

幼儿自主选择区域活动内容，自由结伴开展活动。活动结束后，自觉收拾整理，将材料归位，并用思维导图的形式记录自己活动的内容。

活动指导

1. 关注各个游戏区幼儿的游戏情况，进行个别化指导。

2. 审视环境布置和材料提供的适宜性，对幼儿的游戏进行观察记录。

3. 重点关注建构区新投放的多米诺骨牌与幼儿的互动情况。观察幼儿的兴趣和玩法，并拍照记录。游戏结束后，组织幼儿交流讨论，如多米诺骨牌怎么玩、还可以怎么玩等。鼓励幼儿日常收集有关多米诺骨牌的玩法资料。

六、餐前活动（10:30—11:15）

活动内容1：户外自主游戏（略）

活动内容2：餐前卫生

活动准备

洗手液、毛巾。

活动指导

提醒幼儿用洗手液仔细洗手，并用毛巾将手擦干；提醒各值日生做好擦桌等值日工作。

七、午餐活动（11:15—11:50）

活动内容：自选同伴就餐

活动准备

饭、菜、勺子或筷子。

活动指导

1. 介绍当天午餐的菜谱，激发幼儿对用餐的期盼之情。

2. 关注幼儿的进餐情况，对能独立吃饭且吃得干净的幼儿予以肯定；了解当天身体欠佳的幼儿，为他们调整进餐量。

3. 餐前，幼儿自主选择就餐位置，可以与好朋友坐在一起，情绪愉快地进餐。餐后，自己清理桌面，并将餐具送回固定的地方，自觉漱口。

八、餐后活动（11:50—12:30）

活动内容1：餐后自主活动

幼儿自主选择活动。比如，室内阅读、绘画、建构、角色扮演等，或户外游戏、寻找收集自然物、散步、晒太阳（视天气状况）等。

活动内容2：睡前安静活动

幼儿欣赏故事，平静心情；自觉解小便、盥洗。

活动准备

故事书。

活动指导

教师（幼儿）讲述故事；观察幼儿的情绪，提醒幼儿睡前如厕，不带发夹等尖锐物品进入午睡室。

九、午睡活动（12:30—14:45）

活动内容：幼儿自己脱衣裤并折叠整齐；在优美的音乐声中安静入睡。

活动指导

教师巡查，观察幼儿入睡的情况；关注并妥善处理个别幼儿的特殊需求，对个别入睡难的幼儿，可让其晚睡或早起。

十、下午活动（14:45—16:00）

活动内容1：起床、盥洗、吃点心

幼儿自己穿好衣服，并与同伴相互检查是否穿戴整齐；学习折叠毛毯、薄棉被；自觉盥洗并自主吃点心。

活动准备

洗手液、毛巾、点心。

活动指导

观察幼儿的精神状态，鼓励幼儿自我服务并相互合作完成叠被子的任务。

活动内容2：户外游戏（略）

十一、班级特色活动（16:00—16:30）

活动内容：插花写生

活动目标

1. 观察3种不同形态的花，尝试用语言描述、用身体动作扮演花的样子，乐意和同伴合作插花。

2. 喜欢写生，选择喜欢的作画工具，用写生的方式将一盆花画下来。

3. 尝试从不同角度对自己和同伴的作品进行欣赏、评价，在此过程中感知角度不同、想法不同，画出来的作品也不一样。

活动准备

3种不同形态、颜色的花；花瓶4个；装饰并摆放好的桌子。

活动过程

（一）欣赏鲜花

分别出示3种花（玫瑰、太阳花、情人草），讨论花的样子。

师：这是什么花，它像什么？你能用你的手来扮演这朵花吗？

（二）插花

1. 集体插花

师：我们把这些花插在花瓶里来打扮教室吧！

2. 讨论插好的花

师：你觉得它美在哪里？（颜色搭配、高低错落、疏密结合……）

3. 分组插花

（三）幼儿分组围坐在一瓶花的周围写生

师：我们今天就来为一瓶花写生。

师：选择你喜欢的位置，仔细观察这瓶花，看清楚花朵、叶子的位置、颜色……

（四）欣赏和评价

1. 把作品摆放在教室中间，集体欣赏

师：你觉得自己画的花怎么样？美在哪里？

师：请你选择一个大拇指标签，粘贴在写生作品的底部，用绘画的方法记录你觉得自己哪里画得好，或者你也可以说给老师听，让老师帮你写下来。

2. 讨论

师：同样一瓶花，为什么每个人画出来的都不一样呢？

小结：原来，角度不同、每个人的想法不同，画出来的花就不一样，但是它们都很美。

十二、离园活动（16:30—17:00）

活动内容1：心情分享时间

教师和幼儿相互说一说今天让自己感到最快乐的事情是什么或者不开心的事情是什么。

活动指导

鼓励幼儿分享一天中自己最大的感受，可以与老师分享，也可以与小伙伴分享；可以是讲述形式、绘画形式，也可以是表演形式。

活动内容2：告别时间

幼儿收拾好自己的物品，和老师、保育员、小伙伴告别说再见。

活动指导

鼓励幼儿和老师一起整理教室，与幼儿拥抱告别，表达期待明天与幼儿再相见的心情！

2. 管理好幼儿的吃喝拉撒

到了离园时间，小（一）班的门外已经站满了来接孩子的家长，他们个个翘首以盼，等待着老师把门打开。终于，门被打开了，家长们一拥而入，宝宝妈妈欢喜地抱起宝宝来到李老师面前，问："李老师，宝宝今天饭吃得怎么样？"李老师回答道："嗯，她今天把饭都吃完了，就剩了一些蔬菜没吃完，表现很棒哦！”“哦，太好了。那她去厕所解小便了吗？喝水了吗？喝得多不多啊？”没等李老师回答，宝宝妈妈又连续问了好几个问题。与此同时，李老师也在脑海里快速搜索宝宝上厕所、喝水的画面。可是，糟糕，没有搜索成功。

见李老师表情迟疑，宝宝妈妈有些不高兴了，说道：“那我们走了。”宝宝妈妈刚离开，小浩奶奶就过来了，她急切地问道：“老师，小浩刚才一口气喝了一大杯水，看他口渴的样子，是不是在幼儿园里一整天都没有喝水啊？不喝水不行的，对身体不好……”面对众多家长对孩子吃喝拉撒情况的询问，李老师强烈地体会到家长对孩子吃喝拉撒的重视程度，而自己面对家长的询问，有时却不能详细、准确地回应。李老师暗暗下定决心，以后一定要格外留意孩子吃喝拉撒的问题。

幼儿的吃喝拉撒，主要是指幼儿在园一日活动中的吃饭、吃点心、喝水、解小便等生活活动，这些一直是家长非常关注的问题，也与幼儿的身体发育有重要关系。

管理幼儿的吃喝拉撒，是幼儿园保育工作的重要内容。科学良好、有效的管理，能促进幼儿身体的健康发育和机能的协调发展。因此，作为一名新教师，你必须加以重视。那么，如何管理好幼儿在园的吃喝拉撒呢？

主动留意，细致观察

首先，你要清楚幼儿在园吃喝拉撒的情况，平时主动留意、细心观察，必要时还要做些记录。因为只有准确地了解了幼儿在园吃喝拉撒的情况，你才能与幼儿进行适宜的互动。但要注意的是，你不能为了观察而观察，而是要将观察到的信息与幼儿的身体健康情况进行链接，进而跟进自己的工作。比如，某教师观察发现，原本可以吃下满满一碗饭的幼儿，最近几天半碗饭都吃不了；以前幼儿从来不尿裤子，最近连续尿裤子好几次……针对这些情况，这位教师主动询问孩子，联系家长，寻找原因。原来，这个孩子最近在学习游泳，心里有压力，产生了恐惧心理。基于这一原因，教师和家长对幼儿进行了心理疏导，帮助他消除了消极情绪。

从幼儿本身出发，进行科学的管理

科学管理幼儿的吃喝拉撒，需要你关注幼儿的年龄特点、身体发展需要以及个体差异等问题。作为新教师，你首先面临的问题是时间、量的管理。很多幼儿园在这方面有相应的指导建议，你需要事先了解。比如，幼儿的饮水量没有统一的规定，具体要根据幼儿的身体状况、季节、活动量等而定。一般来说，除去从蔬菜、米饭、水果中摄入的水分，幼儿每天的饮水量大约是600毫升。于是，我园提出3—6岁的幼儿一日的摄水量为500 ～ 700毫升，并根据幼儿喝水杯的容量大小，得出幼儿每天需要喝5 ～ 7杯水的建议。在具体执行时，教师要依据幼儿个体的身体状况、活动量、气温高低等因素做出调整。再如，关于时间的问题，我园从幼儿个体需要的角度出发，不统一安排集体如厕的时间，采用幼儿分散、自主如厕的方式。

摒弃一刀切的管理方法，提倡个性化管理

以往幼儿在园的吃喝拉撒都是统一行动、统一标准，教师的管理方式主要是面向集体发号施令。现在，很多幼儿园的吃喝拉撒都是按照幼儿的需要分散进行，没有固定统一的时间，因此教师的管理方式也由标准化管理改为个性化管理，趋向个别互动，关注个别幼儿的需求。

但是，在实际的管理过程中，你可能会产生一些困惑：现在提倡吃喝拉撒按需进行，那么教师是否就不能提要求了？一部分幼儿不会自觉主

动地喝水、洗手，如果对他们提要求，是否违背了按需进行的原则？如果不提要求，那又不利于幼儿身体的健康……这种理念和现实的冲突，可能会让你无所适从。吃喝拉撒提倡按照幼儿的需要进行，并不表示教师就不能提要求。幼儿年龄小，自我管理能力和良好的生活习惯还处在养成的过程中，需要教师的引导和督促。教师所要做的是摒弃以往不以儿童为本的、一刀切的管理方法，调整为重视幼儿的个体需要，以激发幼儿的内在动机为核心的个性化管理方法。

运用形式多样、生动有趣的方法，促使幼儿学会自我管理

管理幼儿的吃喝拉撒，其中一个目标就是培养幼儿学会自我管理的能力。我们不能盲目对幼儿给予无微不至的照料，而要积极运用形式多样、生动有趣的方式来吸引幼儿，激发他们自我服务的意识，帮助他们养成良好的生活、卫生习惯。你可以采用环境创设、看视频、讲故事、做实验、树榜样、勤夸赞等方法。

以下是我园一名教师在培养小班幼儿自觉主动喝水时采用的策略。

小班幼儿进入幼儿园开始集体生活后，其中不主动喝水的问题最让人费心费力。为了能让幼儿主动喝水，我尝试设计了一个有趣的游戏活动来激发他们喝水的兴趣。

为了让幼儿能够了解500毫升水到底有多少，我准备了一个500毫升的矿泉水瓶和一个幼儿喝水用的喝水杯（容量约100毫升）。我将矿泉水瓶装饰成小朋友的模样，对幼儿说："上次我们听了幼儿园陈医生的介绍，要求我们小朋友一天要喝500毫升的水。500毫升是几杯水呢？我们来做一个小实验。瞧，这个小朋友的肚子空空的，需要喝水。我们请他先喝一杯，看一看他的肚子会发生什么变化。"我将一杯水倒进矿泉水瓶，当孩子们看见瓶子小人的肚子有水时，高兴地拍起手来："哈哈，肚子里有水

了，真好玩！”

然后，我模拟了不同情境下小朋友喝水的模样。比如，“哎呀，做完运动我要喝一杯水！”“喝水有益健康，我要喝一杯水。”“我的嘴巴有点渴，我要喝一杯水！”“幼儿园的水真好喝，我要喝一杯水”。瓶子小人喝了5杯水后，孩子们发现它肚子满了，兴奋地说道：“原来我们一天要喝5大杯水呀，我每天也要喝5大杯水！”

通过这个小实验，幼儿对自己一天中需要喝5杯水产生了深刻的印象。一些幼儿开始主动喝水，喝水时还不忘给瓶子小人喝水，嘴里还念念有词地说：“我们大家都要喝水哦！”

当然，培养幼儿主动喝水的习惯并不是通过这样一个小实验就可以实现，还需要你在日常生活中不断地对其进行引导。好习惯的培养是一个持续的过程，你要从幼儿的认知特点和学习特点出发，探寻引导的方法。相信在你的陪伴下，幼儿的好习惯肯定能很快建立起来。

3. 运动，让幼儿的身体棒棒的

幼儿阶段是儿童身体发育和机能发展极为迅速的时期。发育良好的身体、愉快的情绪、强健的体魄、协调的动作、良好的生活习惯和基本的生活能力是幼儿身心健康的重要标志，也是其他领域学习与发展的基础。幼儿园开展体能锻炼活动，发展幼儿的协调、平衡、力量、耐力、灵敏等身体运动素质，是重要的工作内容。

最近，全国各地都在学习安吉游戏，王老师所在的幼儿园也不例外。幼儿园充分利用各处空间，积极地创设运动环境，提供丰富的运动材料，老师们也尽可能鼓励幼儿自己想出玩法。另外，幼儿园还开创了新的运动形式——全园打通的开放、自主运动，即不同年龄段的幼儿在同一时间、同一空间基于自己的兴趣和需要，自主结伴、自选材料、自创玩法进行运动。

自由开放的运动形式极大地激发了幼儿锻炼的兴趣，他们每天都在热切地盼望运动时间能早点到来。王老师也期待孩子们能在这个过程中提高身体素质，把身体锻炼得棒棒的！

但是，慢慢地，王老师也发现了一些问题。比如，一些孩子在自主运动时间玩起了装扮游戏；一些家长不太支持这种自由开放的运动形式，觉得不安全，等等。王老师把困惑提出来，并向园长请教。园长与她就如何组织户外运动与锻炼，消除家长的担忧，让幼儿把身体锻炼得棒棒的等问题进行了交流。

要让幼儿的身体棒棒的，明确运动目标是基础

《指南》中详细阐述了不同年龄段幼儿动作能力的发展目标和典型表现。作为新教师，你要将这些内容记在心里，以指导自己的工作。

还有一点需要明确，即幼儿园的运动活动是为了促进幼儿的体能发展，增进幼儿的身体健康。协调、平衡、灵活、力量、耐力等身体素质是反映一般体能、一般运动能力的核心要素。在幼儿园，发展幼儿的一般体能比帮助他们掌握运动技能更重要。因此，你要以锻炼幼儿的一般体能为目标。比如，组织幼儿练习拍球、跳绳、踩高跷等，并不是为了让他们掌握这些运动技能，而是在这个过程中培养他们坚持、不怕困难的品质，促进他们各种运动素质的综合发展。因此，你要避免出现让幼儿学习单一技能的现象。

要让幼儿的身体棒棒的，激发其内在动力是关键

兴趣是儿童主动学习的内驱力。你要采取鼓励、欣赏的态度，使幼儿在运动中获得积极的情感体验，让他们喜欢运动。在幼儿运动的过程中，作为新教师，你可能会和上述案例中的某些家长一样，担心幼儿的安全问题，进而对幼儿在运动中自发产生的一些奇特玩法或大胆挑战行为加以制止，久而久之，就会扼杀幼儿运动的兴趣。事实上，幼儿具有一定的自我保护意识和能力，清楚自己能做什么和不能做什么，以及什么样的挑战对自己是适宜的。因此，你要信任幼儿，做好恰当的保护措施，比如，运动前检查幼儿的穿戴是否合适，运动中观察幼儿的出汗情况，了解幼儿的运动量，提醒幼儿跑步时要看前方，让幼儿在自我挑战中获得成功和喜悦感。

你提供的运动材料要丰富多样，要满足幼儿寻求变化、追求创造的需求。运动材料可以是购买的成品材料，也可以是一些生活中的低结构材料，如木板、纸箱、绳子等。玩什么、怎么玩、和谁玩都由幼儿自己决定。只有满足幼儿自主的需求，幼儿才能真正体验到快乐（见图5–1）！

图5–1

要让幼儿的身体棒棒的，充足的运动时间是保障

《指南》中强调，幼儿一天在园的户外运动时间不得少于1小时。这一要求显示了运动的重要性和必要性。但在实际工作中，依然有一部分教师因为存在上课比运动更重要的观念，出现一日活动中集体上课一定不能少、户外运动时间时常被集体活动占用的现象。作为新教师，你一

定要摒弃这种观念，要明白不只集体活动是学习，运动同样也是学习，特别是对幼儿努力坚持、克服困难、意志力等品质的培养更有意义。因此，你要努力创造多种机会，保证幼儿的运动时间。比如，有的幼儿园在室内运动空间上花了很多心思，巧妙利用走廊、楼梯、教室里的空间设施，让幼儿开展运动，避免了因为天气原因无法让幼儿进行户外运动而导致运动量不足的情况。比如，在不影响行走的前提下，把楼梯一侧改造成滑梯（见图5-2）；在走廊的一侧摆放攀爬架（见图5-3）；在教室天花板上拉一张大网，让幼儿练习投掷；将教室里的桌椅排列组合设计成一个可以让幼儿进行走、钻、爬、跳等动作练习的情境等。

图 5–2

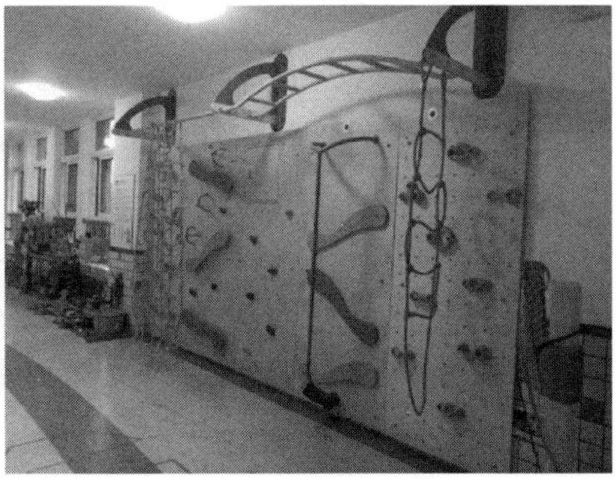

图 5–3

要让幼儿的身体棒棒的，多种运动形式是助推

要让幼儿的身体棒棒的，你既要开展有目的、有计划的体育课，也要开展幼儿自主性运动。

开展体育课时，你要设计明确、清晰的教学目标，投放特定的运动材料，创设有趣的情境，在活动过程中指导幼儿。

开展幼儿自主性运动，你需要投放各种有助于幼儿各类动作发展的运动材料，让幼儿自由选择和组合材料，自主决定如何使用这些材料进行运动，进而实现力量、耐力、速度、灵敏性等运动素质的发展（见图5-4、

图5-5）。同时，自主性运动的开放性特点更贴近幼儿个体的运动水平，更具有发展适宜性。因此，幼儿园应以自主性运动为基本组织形式。教师通过观察和评估幼儿表现出的运动水平，遵从幼儿的意愿加以引导。

图 5-4

图 5-5

要让幼儿的身体棒棒的，家园共同协作是力量

要让幼儿的身体棒棒的，家园共同努力非常重要。在幼儿的健康问题上，家长往往比较重视饮食营养，对运动锻炼往往重视不够。特别是爷爷奶奶等祖辈家长，总是担心孩子在运动时会磕着、碰着；担心孩子在运动过程中会着凉生病……因为这些担忧，一些家长不配合幼儿园的工作，甚至会直接要求老师不要让自己的孩子参加户外锻炼。此时，你不能因为担心处理不好与家长的关系就听之任之，而是要积极与家长沟通。

首先，你要站在家长的角度，体会他们的心情，带着理解的态度与家长沟通。其次，你要了解家长担忧背后的原因，了解幼儿是否有特殊情况。如果有，也要个别情况个别对待；如果没有，则要逐步提升家长的认识。最后，通过多种方式、多种渠道，如家长会、微信平台、主题沙龙、亲子运动会等，让家长了解体能锻炼的重要性以及幼儿园在幼儿体能锻炼的内容、要求、安全护理等方面所做的工作，使家长对幼儿园工作产生信任并进而支持。

4. 尽情尽兴玩“真游戏”

吴老师在精心准备的游戏场地上摆满了琳琅满目的玩具和漂亮华丽的服饰、道具。小医院的圆圆穿着医生的白大褂，手里拿着听诊器，一个人坐着。她左顾右盼，可是小医院里一直都没有病人来看病。圆圆走到吴老师面前说：“老师，我不想玩小医院游戏了，我想去娃娃家玩。”吴老师看了看小医院，对圆圆说：“不行，今天你已经选择了小医院，就不能去其他地方玩了，娃娃家只能下次去玩。”听了老师的话，圆圆不情愿地回到小医院，站在门口叫喊：“谁来看病？谁来看病？”可是，没有小伙伴理睬她，圆圆继续落寞地坐着，直到游戏结束。

点点是超市的售货员，忙得不亦乐乎。你看，他推着一辆小推车正挨家挨户地送东西呢！吴老师突然拦住他说：“点点，你怎么拿了娃娃家的婴儿车呀？婴儿车不是这样玩的，你赶快把它送回娃娃家。”点点看着面露愠色的老师，低着头把车子送回娃娃家。回到超市，点点坐在超市收银台，看样子，早已没有了刚才飞扬的神采。

游戏活动结束了，吴老师组织幼儿进行分享交流，问他们今天游戏玩得快乐不快乐。圆圆和点点摇摇头说：“做医生、当售货员一点儿都不好玩，不快乐，下次不想再当了！”

为什么两个幼儿说游戏不好玩呢？怎样才能让幼儿玩得尽兴呢？吴老师百思不得其解。

什么是游戏？黄仁颂在其主编的《学前教育学》中是这样定义游戏的：游戏是幼儿喜爱、主动的活动，是儿童反映现实生活的活动。刘焱在其所著的《幼儿园游戏教学论》中认为：游戏是发生在一定的情境之中，外部有可观察的行为表现，内部有特定的心理体验的主动自愿、自主自由的活动。游戏是幼儿园的基本组织形式，游戏是幼儿的生活。现在，各个幼儿园都非常重视幼儿的游戏，积极为幼儿创设游戏环境，提供丰富的游戏材料，希望幼儿在游戏中获得快乐，在游戏中学习和发展。但是，在实际的游戏活动中我们发现，游戏并不能真正地让幼儿感到快乐，促进幼儿的发展。

了解幼儿的游戏，理解、把握游戏精神

幼儿是为了游戏而游戏的，游戏之外无其他目的。对于幼儿来说，在游戏中他们可以做他们想做的事情，尽情地想象创造、表达表现，实现现实中无法达成的愿望。玩什么——游戏主题、和谁玩——游戏伙伴、怎么玩——游戏玩法、用什么玩——游戏材料等都由他们自己决定。因此，游戏中的幼儿总是轻松自然、乐此不疲。游戏就是他们最喜欢、最必需的活动。

但是，如果游戏无法让他们获得自由、自主、创造和愉悦，幼儿就不会觉得尽兴。比如，上述案例中，圆圆因为“一次游戏只能玩一个区域，不能换区”的规则，只能百般无聊地“坐等”游戏结束；点点因为教师的“婴儿车不能当作超市送货车”的规则，无法继续玩其自创的游戏情节而郁郁寡欢。如果游戏中有太多来自他人的规则，那么这样的游戏就只是包裹了游戏外衣的假游戏，是成人眼中的游戏，而不是幼儿想要的游戏。

因此，作为新教师，你首先要全面理解幼儿的游戏，把握游戏精神，体会游戏精神比游戏形式更重要。你要尊重幼儿的兴趣和需要，把游戏的主题、玩法、材料等决定权放手给幼儿，只有这样，幼儿才会玩得尽兴！

基于幼儿的年龄特点，提供不同结构的游戏材料

要让幼儿在游戏中玩得尽兴，你要确保幼儿有足够的游戏空间、时间和材料。游戏材料是幼儿游戏的基础，既可以引发幼儿的游戏行为，也可以促使游戏情节的进一步发展。不同年龄段的幼儿由于思维水平、生活经验不同，游戏水平也不同。因此，你应从幼儿的年龄特点、游戏类型入手，考虑游戏材料的投放与选择。

以角色游戏为例，小班幼儿的思维直观具体，因此物品形象越逼真，越能引导他们联想到已有的生活经验，产生与之相应的装扮行为。因此，你需要为他们提供高结构的、有固定玩法的、具体形象的物品，如针筒、听诊器、药盒、蛋糕、水果、蔬菜、吹风机等仿真物品，以及各种真实的生活用品，如锅碗瓢盆、衣服等。

中班幼儿的表征思维有所发展，但是他们的象征性动作主要由物引起，还需要依靠形象相似的物品作为支柱。因此，你可以适当减少高结构物品的投放，提供一些与实物原型相似的替代物，比如，在娃娃家提供像蛋糕一样的圆柱体泡沫、像面条一样的细细长长的纸条、像饺子皮一样的圆形泡沫纸等材料。形似的材料能够引发幼儿将其与被表征物进行链接和想象，进而引发替代行为的产生。比如，幼儿在圆柱体泡沫上放上毛绒球，撒上碎纸片，插上小木棍，当作娃娃的生日蛋糕。同时，你也需要保留一些诸如小推车、家用电器模型等能体现某个游戏主题的形象性玩具，但要少而精。

大班幼儿的思维能力有了很大的发展，他们在游戏中能积极地展开想象和自主解决问题。在没有实物模拟的情况下，他们会想方设法寻找替代物来进行游戏，或者自己制作需要的游戏物品。因此，你可以投放无规定玩法、无具体形象特征的低结构材料，如黏土、扭扭棒、绒球、泡沫球、吸管、各色纸张等，让幼儿根据自己的兴趣和想法随意组合、一物多用。

提供充足的游戏时间和空间

游戏时间的长短直接影响幼儿游戏的质量。时间充足，幼儿才能尽情地玩耍，才能去寻找游戏伙伴、进行角色的协商分配、准备游戏材料，甚至自主构建游戏场景来开展游戏。如果时间过短，则会使幼儿无法进一步深入游戏，玩不出高水平的游戏，甚至导致他们慢慢放弃一些游戏想法，转而只玩一些简单的游戏。因此，你要保证幼儿游戏的时间。一般来说，幼儿游戏的时间最少在30 ~ 50分钟，具体依据幼儿的年龄和游戏能力而定。

游戏空间的不同分隔形式，对幼儿的游戏也会产生不同的影响。一定的分隔使得区域空间具有私密性，能使幼儿专心致志、持久地玩游戏。但分隔物不能太高，以免阻挡幼儿看到材料，影响幼儿与材料的互动频率。同时，区域之间的过道要宽敞，要使幼儿能分辨清楚各活动区域，便于幼儿在各个游戏区的适当流动和参与。同时，你也要允许幼儿基于自己的游戏需要来适当地改变游戏环境。另外，你还可以把游戏场地留白，让中大班幼儿自己来创设游戏空间。比如，尝试将所有的材料靠边摆放，由幼儿根据自己游戏的需要来选择材料（见图5-6），搭建自己的游戏场景，实现幼儿“我的游戏我做主”的愿望！

图 5-6

5. 上好一节课

作为新教师，蔡老师很重视自己上课的表现，她特别希望所有的幼儿都能用专注的眼神望着她，脸上流露出渴望、快乐的神情。但是，她发现事情往往不能如她所愿。有时她明明觉得自己对教材已经很熟悉了，但是在实际执教时，会突然忘记下一环节该做什么，要问什么问题。有时她认为应该是很完美的活动方案，幼儿肯定会喜欢，可实际情况是他们不喜欢，有的幼儿甚至说："老师，什么时候结束啊，我们想下课了！"听了这句话，蔡老师有一种"崩溃"的感觉。最让蔡老师感到担忧和无力的是，不知道如何有效地回应幼儿。在幼儿回答完自己提出的问题后，她总是那几句话："嗯，很好！""你真棒！"要不，她就把幼儿说的话重复一遍。有时，幼儿的回答不在她的预设中，她就会纠结如果直接告诉幼儿"这是不对的"，会不会因此限制幼儿的思路，不尊重幼儿……

怎样才能上好一节课呢？蔡老师急需有人能帮她答疑解惑。

在幼儿园一日活动中，集体教学是教师精心预设的、有目的、有计划的教育活动。优质的集体教学活动对幼儿的学习与发展有积极的促进和引导作用。

作为新教师，你想要上好一节课的迫切愿望可以理解。但是，要上好一节课，既让它得到幼儿的喜爱，又让它真正对幼儿的发展产生价值，并不是一件容易的事情。这需要你静下心来，摒弃花哨的外在形式，真正对幼儿、对学习、对教学进行研究，有正确的认识和理解。只要你用心去研究教材、研究幼儿、研究教法，并在每一次活动后主动进行反思与总结，不断积累经验，提高自己的教育智慧，你的愿望就一定能够实现。

你不仅要备教材，还要备幼儿

上课之前，你先要备课。作为新教师，你需要借助教材，但又不能依赖教材。首先，你要努力读懂教材，理解目标和内容以及设计者背后的想法、观点。其次，你要带着疑问去解读教材，比如，教材中能有效促进幼儿发展的核心价值是什么？教材中的难点和重点是如何解决的？为什么采用这样的策略……

与此同时，你也要就教材是否适合本班幼儿进行追问和考量。比如，你可以问问自己：幼儿对该内容感兴趣吗？幼儿有怎样的原有经验？在掌握新经验的过程中，他们可能会出现哪些问题？这些问题反映了幼儿怎样的认知发展水平？我可以运用怎样的方法来帮助幼儿解决这些问题……对幼儿有了深入的分析了解后，再对教学目标、环节组织、教学方法等进行审议——或是保留，或是调整，使活动内容和设计更贴近本班幼儿的实际需求。

备好课后，你还要将自己所写的活动方案，特别是教学目标、关键提问牢记于心，问问自己是否记住了教学过程中使用的各种方法，是否记住了每一个教学环节的内容，尽量将你写的详案“背”下来，以保证教学活动顺利进行。

另外，你还要安排好上课需要的物品，包括你自己使用的物品和幼儿使用的物品。你要细致考虑教具的出示方式、摆放位置以及幼儿操作材料的摆放位置，使其既便于幼儿拿取，又不干扰幼儿熟悉了解教具的使用。这些看上去不重要的细节，事实上关系着教学活动能否顺利开展。

你要以学定教，根据幼儿的学习特点和内容领域特点组织教学

学前儿童以具体形象思维为主，他们多通过直接感知、实际操作和亲身体验的方式来获得知识经验。因此，你要尽量为幼儿创设具有情境性、操作性、游戏性的学习环境，采用集体、小组、个别相结合的多种教学形式，帮助幼儿获得直接经验。

此外，不同领域的内容有不同的特点。你要了解每个领域的一些教学特点和教育原则，采取相应的教学方法。比如，科学教育"以探究为中心"，着重培养幼儿的科学探索兴趣，帮助他们学习科学的探索方法。基于科学教育的科学性、生活性、趣味性、实践性原则，你应采用设疑、观察、比较、操作、实验等方法，让幼儿动手动脑，主动探索。又如，艺术活动强调幼儿对美的感受和体验，用自己的方式表现美和创造美。因此，你要让幼儿多通道、多感官地感知作品，如多媒体技术为幼儿看、听、摸、说等多感官参与活动提供了可能。再如，社会活动强调幼儿内心情感的体验，知-情-意-行的统一。因此，它的教学方法注重创设情境，为幼儿提供践行、体验的机会。

图 5–7

你要提升自身的专业能力，有效地回应幼儿

一场教学活动精彩与否，很大程度上取决于师幼双方互动的质量。一节课中的师幼互动主要体现在教师的提问和回应上，这往往是新教师最

担心做得不够好的地方。

事实上，师幼互动水平的提高不是一蹴而就的事情，它是一个积淀经验的过程，也与教师的儿童观、教育观以及专业素养有关。就如何有效地回应幼儿，著名幼儿教育专家应彩云老师曾经提出过三种方式：一是当幼儿的回答展现了已有的经验和感受后，教师只需要表示应允和赞许，不要重复；二是当幼儿的回答不那么准确时，教师要帮助幼儿进行梳理，突出主题；三是将幼儿的回答与活动目标相联系，突出教育主旨。“在师幼的互动回应中，教师时而是智者，时而是同伴，时而又是主持人。教师的展现、梳理和提升，引导着幼儿渐行渐近地通过‘条条大路’到达教育者心中的理想彼岸。”[1]

另外，要想上好一节课，你的教态要亲切自然，语言要生动精练，不啰唆。你与幼儿的眼神交流要真诚，并适当地鼓励和表扬他们，营造出轻松活泼的教学氛围，让幼儿产生愉悦的心情。这样他们自然就能积极主动地参与活动，闪烁出智慧的光芒！教学过程中的一些“小花招”一定程度上也能吸引幼儿的注意力。比如，在讲故事的时候，根据角色的特点变化声音；根据情节的需要故作停顿，营造神秘的氛围，等等。

虽然一节集体教学活动课只有十几分钟或者半小时，但是你需要花几倍甚至数倍的时间提前做大量的准备工作。“要给幼儿一滴水，你自己则要准备一桶水”。你要不断扩充自己的知识经验，提高自身的专业能力。尤其是近几年来，领域教学知识（PCK）的提出，更要求你掌握学科知识、儿童知识以及教学策略知识。

---

1 应彩云. 回应，可以从容面对 [J]. 上海托幼，2010（01）.

6. 节日活动真快乐

甄老师是入职刚一年的新老师，幼儿园形式多样、生动有趣的节日活动常常让她身临其境，跟孩子一起投入活动中。

一年一度的六一儿童节马上就要来临了。今年幼儿园改变了以往自上而下的方式，不再开展全园性表演活动，而是把组织活动的自主权交到了各个班级老师的手里，而主班沈老师又把这一任务交给了甄老师。一接到任务，甄老师就开始认真琢磨组织怎样的活动，在给幼儿带来快乐的同时又能对他们的成长有意义、有价值。

幼儿园时常会开展各种各样的节日活动。节日的内容十分广泛，既有新年、元宵节、端午节等传统节日，也有六一儿童节、世界环境日、全国交通日等社会节日，还有幼儿园自己的园定节日，如朋友节、阅读节、柚子节等。

节日活动对弘扬中华传统文化、丰富幼儿的体验和认识、提高幼儿的表达表现力和解决问题的能力有着积极的作用。很多幼儿园都很重视节日活动，精心策划活动内容，组织社区、家长等多方力量共同参与，让幼儿在节日活动中获得多方面的发展。有的幼儿园还将节日活动纳入幼儿园课程，以节日作为课程载体，围绕特定的节日主题，组织幼儿进行节日探究活动，并把它渗透于各领域、生活环节及家庭、社区活动中。

那么作为一名新教师，你应如何组织节日活动呢？

把握活动的价值，明确幼儿是活动的主体

大多数幼儿园节日活动的内容和组织形式都是自上而下的，由园方、

教师说了算，准备、组织等各项工作都由教师一手张罗，幼儿对活动有怎样的想法、怎样的情感体验都是被忽视的。幼儿没有自主权和发言权，老师说什么就是什么，幼儿只要听命于老师就可以了。比如，庆祝六一儿童节，大部分幼儿园约定俗成的内容不外上台表演节目、游园活动。至于幼儿自己内心究竟想怎么度过六一儿童节，他们想表演什么节目、玩什么游戏，较少有老师去关心和倾听。

事实上，幼儿园的这一做法违背了组织节日活动的初衷。幼儿园组织节日活动不是为了领导和家长，也不是为了完成任务，而是为了幼儿。节日活动也不应追求场面热闹和视觉效果精彩，而应让幼儿在活动中获得多方面的发展。因此，幼儿才是活动的主人、活动的主体。节日活动的内容、各项组织准备工作应由幼儿与教师共同完成，效果如何应由幼儿说了算。特别是大班的幼儿，其目的性和任务意识越来越强，放手让他们自己做主和组织开展活动，说不定能收到意想不到的效果。

比如，我园一位姓陈的新老师想要尝试改变以往毕业典礼由教师编排节目、让幼儿上台表演的做法，于是询问幼儿："你们想怎么庆祝自己的成长呢？"有的幼儿说，要把自己三年来在幼儿园生活的所有照片、画的所有画都拿给大家欣赏；有的幼儿说，想要和好朋友一起，把他们平时最喜欢玩的游戏表演出来；有的幼儿说，想要和爸爸妈妈一起朗诵一首诗……孩子们的想法有很多，陈老师在尊重幼儿想法的基础上，将他们的想法进行整合，并与他们一起商讨活动的准备、开展工作等。整个过程，孩子们全程参与、全情投入，活动得到了家长们的赞赏，也引发了老师们的感叹：幼儿有着无限的潜力，他们才是活动的主体啊！

充分利用家长资源，发挥协作力量

在节日活动中，除了教师、幼儿参与，家长的关注和参与能使活动更有价值。一方面，家长通过参与可以对幼儿、幼儿园工作有更为全面和深入的了解；另一方面，家长与幼儿园的协同合作可以使活动开展得更为顺利。

你可以通过校讯通平台、幼儿园网站、海报宣传等渠道发布公告，让家长了解活动的内容和意义。家长能因此就活动与幼儿有更深入的沟通，帮助幼儿获得更多的体验。有的节日活动，如三八妇女节、重阳节等，家长本身就是活动的对象；还有一些活动，你可以鼓励家长当志愿者。比如，为了让幼儿体验秋天是个丰收的季节，我园组织了一次秋游活动，让幼儿帮助农庄的叔叔阿姨掰玉米、挖番薯，然后幼儿可以用20元钱自己挑选、购买果实。活动中，我们邀请家长做志愿者，担任卖方。家长非常用心，不仅和幼儿进行了买卖互动，引导他们学习数学运算，还教他们认识农作物，探究挖番薯的方法……家长的参与，让活动的价值获得了最大化。

再如，我园在世界水日开展了一系列认识水、节约水的活动。教师邀请班里一位在实验室工作的家长，为幼儿做有关水的实验。这位家长使出浑身解数，给幼儿展示了水的三态、海底花园、气球吹泡泡、酸碱变色、索氏萃取等小实验的奇妙变化（见图5-8），有效地激发了幼儿对水的探索兴趣。

图 5–8

总结活动的过程和效果，拓展活动的意义

活动结束后，你要做好活动资料的整理、总结工作。你可以将撰写的活动方案、活动过程中记录的文字、照片、视频等进行梳理、归档。同时，要反思整个活动中做得好的地方和做得不够好的地方。对于值得肯定的地方，以后的活动可以借鉴；对于做得不够好的地方，要分析原因并提出改进方案。另外，你还要注重反馈，及时将活动过程、幼儿在活动中的表

现以及活动效果反馈给家长。除了你自己记录下来的影音资料，你还可以把幼儿的绘画作品、讲述的故事，或者你与幼儿一起制作完成的活动掠影等，在班级、走廊展示或通过微信公众号发布，让家长和社会人士了解幼儿园的各种节日活动，感受活动的意义。

参观消防局

在全国防灾减灾日，某幼儿园大班决定组织幼儿参观消防局。活动前，教师组织幼儿讨论并制订了参观计划，比如，消防局是什么样的？里面会有什么？到了消防局，你想看什么、了解什么、有什么问题想要问消防员叔叔？你想对他们说些什么？参观结束后，教师又再次组织幼儿将参观过程中看到的、感受到的内容用图文方式记录下来（见图5–9）。同时，教师与幼儿一起整理活动时拍摄的精彩照片，并辅以文字说明。最后，将它们展示在幼儿园的大厅里，发布在幼儿园的微信公众号上。

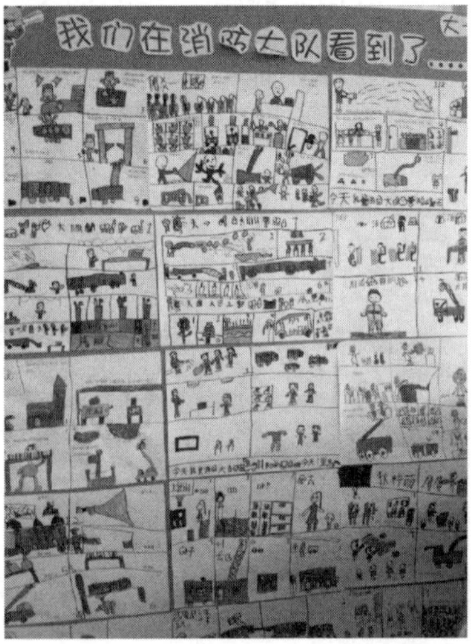

图 5–9

活动展示不仅让家长及时、全面地了解了幼儿的各种活动，还收到了意想不到的效果，一些家长纷纷主动邀请幼儿走出幼儿园，开阔视野。一位在海洋所工作的家长邀请幼儿观看海洋展，一位在图书馆工作的家长邀请幼儿参与少儿图书节活动。大家都想出一份力，为幼儿创设更多的学习机会。

第六章

创设支持幼儿学习的环境

环境是一种隐性教育，也是幼儿园物质文化的载体。幼儿园环境彰显了一所幼儿园的创意和特色，对提升幼儿园的品质、建设幼儿园课程、实现教育价值具有重要的影响。在幼儿园的教育活动中，环境作为无言的教师，在开发幼儿的智力、丰富幼儿的知识、陶冶幼儿的情操以及培养幼儿的审美能力、动手能力、思维能力、想象能力等方面起到了很大作用，是对幼儿施以教育的有效途径和方法。

1. 让幼儿园公共环境会说话

幼儿园的公共空间，包括门厅、走廊、楼梯等，是幼儿每天都接触和活动的场所。它是展示幼儿园的文化底蕴、教育理念的重要窗口，同时也具有教育幼儿的功能和职责。一个有生命、有灵气的幼儿园公共环境，能体现与幼儿的互动与对话，真正发挥其实效性。作为新教师，在布置幼儿园公共环境时，你要注意以下几个原则。

(1) 要符合幼儿的年龄特点，满足幼儿多方面发展的需要。很多幼儿园的环境创设，只一味追求精美，忽视了环境的教育价值。教师花费大量时间创设的公共环境，只有外在的观赏价值，但对幼儿的作用和影响微乎其微。幼儿园的公共环境创设应满足幼儿审美、探究、运动、交往、表达等多方面的需求。

(2) 要体现与幼儿的对话与互动。幼儿园的公共环境，不仅应起到宣传、展示幼儿园的作用，还应为幼儿提供表达自己内心情感的空间，体现与幼儿的对话与互动。这要求你对环境创设的目标、原则、策略等认真进行审视。

(3)要体现出它们独特的教育价值。在规划和布置幼儿园公共环境时，要根据它们所处的空间位置和功能，体现出它们独特的特征与教育价值。

下面，我就结合我园的公共环境创设特点来举例说明如何体现以上三个原则。

创设特色门厅，营造爱的氛围

幼儿园的门厅是连接幼儿园和社会的一座桥梁，是体现幼儿全面发展教育目标的一扇窗口，代表了一所幼儿园独有的文化品位。每位新入园的幼儿家长在踏入幼儿园门厅的一瞬间，就能感受到这所幼儿园独有的魅力和独特的教育风格，从而决定是否选择此幼儿园作为孩子童年生活的摇篮。

门厅最引人注目的自然是墙面信息内容，一般呈现的是园标、幼儿园的办园理念、团队成员以及团队文化的展示等。此外，还可以在墙面上创设家园互动栏，拉近家园间的距离，达到家园共育的目的。

比如，我园以"爱与尊重"为办学宗旨，因此，在环境的创设上充分体现了这一理念。首先，映入眼帘的是装饰在墙上的一个大大的"爱"，它由园内每个小朋友的照片组成，照片中每个人的脸上都露出灿烂的笑容。这些照片营造出浓浓的爱的氛围，每当幼儿经过的时候，他们都会不由自主地寻找自己和同伴的笑脸，潜移默化中培养了他们的集体归属感。

幼儿园的园歌展现在门厅显眼的位置，这充分体现了我们独有的园所文化。每天晨练的时候，幼儿的耳边就会萦绕着这首好听的园歌。尽管很多幼儿不认识字和五线谱，但是我经常看到许多小朋友路过这里时，都用手点着歌谱，嘴里哼唱着园歌。

重设走廊布局，打造绘本馆

走廊是连接幼儿室内外活动的通道，因此在布置走廊时一定要考虑安全因素。各个幼儿园可根据本园的实际情况，创设走廊环境。

比如，我园的教学楼共有三层，每一层都有一条狭长的走廊，走廊上放置了一排衣帽柜，幼儿用来挂外套以及小书包，但是它们的利用率并不高，很多时候都空着，既不美观，又造成了资源的浪费。因此，我们将一些多余的衣帽柜进行了改造，把它们变成全园开放式绘本馆（见图6-1），让深受幼儿喜爱的绘本"走出"狭窄有限的空间，与幼儿零距离接触。走廊上易于取放绘本的书架为幼儿随手阅读提供了便利的条件，一本本有趣而精彩的绘本构成了书香浸润的绘本阅读环境。

与此同时，我们在三个楼层的走廊上分别悬挂了与绘本阅读相关的装饰物。其中，一楼悬挂了我们用柔软材料手工制作的绘本中的角色形象（见图6–2）；二楼悬挂了深受幼儿喜欢并由他们评选出的绘本中的经典画面；三楼悬挂了幼儿创作的绘本中的精彩片段。我们让幼儿共同参与走廊环境的创设，激发了他们对绘本阅读的兴趣。

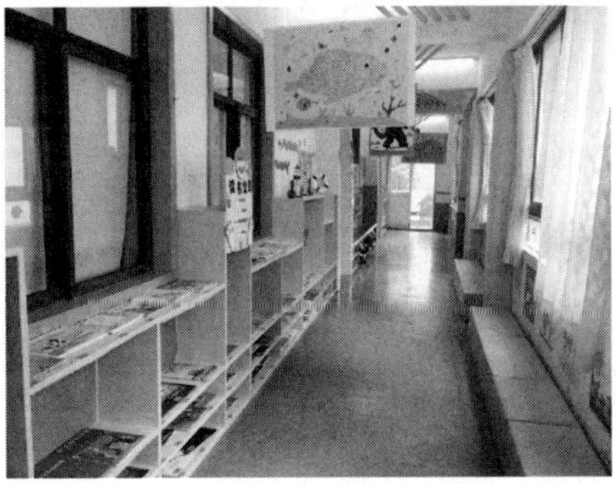

图 6–1

图 6–2

巧设互动楼梯，渗透探究式学习

楼梯墙面上的装饰除了具有美观的功能，更重要的是传达教育理念，渗透教育价值。比如，我园在楼梯扶手的上面装饰了一排触摸墙。我们收集了日常生活中各种不同材质、不同形状、不同颜色的物品，如中国结、象棋、毛巾、布、绳子、扣子、积木等，把它们装饰在墙上。这些东西不仅起到了很好的装饰作用，还可以让幼儿在上下楼梯的时候，用手去触摸这些不同质感的材料（见图6–3），感受

图 6–3

物体的厚薄、光滑、粗糙、软硬等特性，发展其感知觉。同时，我们在排列这些物品的时候，有意识地渗透了数学中的排序，以及不同色彩的区分知识，无形中发展了幼儿的数概念以及对色彩的辨别能力。

除了摆放让幼儿进行探究式学习的材料外，还可以把幼儿园的班级故事、幼儿的手工作品、园内大型活动的精彩瞬间、绘本导读及赏析等内容展示在楼梯的墙面上。

精设艺术欣赏空间，带来审美体验

幼儿审美情趣的提升，需要环境的熏陶和潜移默化的影响。因此，我园充分利用幼儿园的公共空间，将不同画家的艺术作品以及幼儿自己创作的风格各异的美术作品布置在走廊的柱子上、墙上或某个空间（见图6–4、图6–5），营造艺术氛围。这为幼儿提供了大量欣赏的机会，满足了幼儿的审美需要，逐步培养幼儿感受美、欣赏美、表现美的情趣和能力。

图 6–4

图 6–5

趣设益智探索墙，体验动手乐趣

动手操作是学前儿童学习的主要方式，是他们积累丰富知识的主要途径。因此，你在创设墙饰时应考虑让墙饰“动”起来，只有这样才能吸引幼儿与之互动。比如，我们在一楼墙面上布置了益智探索墙（见图6–6、图6–7），鼓励幼儿通过操作、摆弄物品，发展小肌肉动作以及手眼协调能力，同时对事物产生好奇心和探索的欲望，促进思维和想象力的发展。在探索的过程中，幼儿还体验到与同伴合作的快乐。

图6–6

图6–7

创设环保宣传栏，增强环保意识

幼儿园的公共环境也是对幼儿进行环保教育的有效途径。比如，你可以在门厅或走廊创设环保宣传栏，向家长和幼儿宣传环保知识，宣传世界环境日、植树节、爱鸟周、世界地球日等环保节日的意义和具体内容。此外，你还应积极引导幼儿利用各种废旧材料，共同布置环保宣传栏（见图6–8）。这样，通过动手参与，幼儿不但对环保活动产生了兴趣，而且增强了环保的意识。

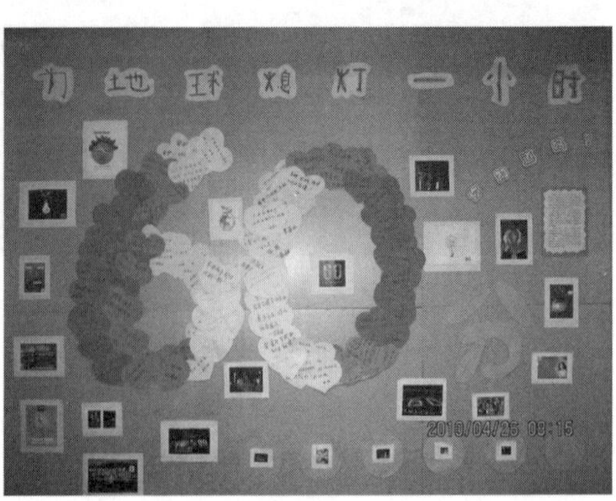

图6–8

每所幼儿园都有自身独特的园所文化和办学特色，而这些信息都可以通过公共环境的创设传达出来。要想搞好幼儿园环境创设，你必须对幼儿的身心发展特点有全面透彻的了解，充分认识环境可能蕴含的教育价值，并用科学的方法引导幼儿与环境互动，从而有效地促进幼儿的发展。

2. 班级主题墙的创设

幼儿园的班级主题墙是丰富幼儿园教育环境、优化教学手段、提高教育质量的重要途径。班级主题墙记录了幼儿在教师的引领下走进主题、深入主题的历程，记录了幼儿学习、研究的过程，全面展示了你和幼儿在主题活动中的成长和收获。所以，它也是幼儿园课程的重要组成部分。

班级主题墙的多种功能

幼儿园的班级主题墙具有以下几种功能。

教育功能

班级主题墙不但具有美化环境的作用，而且体现了主题活动的教育价值。班级主题墙将教育目标与幼儿的兴趣、当前的教育内容有机地融合在一起，所以你应该观察幼儿，了解幼儿的需要，关注幼儿的年龄差异，抓住幼儿的年龄特点，充分发挥班级主题墙的教育功能。

参与功能

班级主题墙在内容上不应过多重视幼儿作品的精致、漂亮、完整，而应以体现幼儿对活动的参与为主。展示的内容可以是主题活动中幼儿收集的材料、完成的作品、参与活动的片段，也可以是浓缩了整个主题活动的教育内容。同时，你要和幼儿一起布置班级主题墙，为他们提供获取新经验、锻炼双手技能的机会。对于自己动手布置的环境，幼儿也容易产生一种亲切感和成就感，自然萌发与环境互动的兴趣。

互动功能

班级主题墙能进一步引发主题活动的生成。你可以从幼儿与班级主题墙的互动中观察他们的兴趣和发展需要，捕捉有价值的内容，继续推进主题。与此同时，你还可以让家长认识到环境对幼儿发展的意义，及时了解幼儿活动的进程，参与到班级主题墙创设这个富有创意的活动中，使家长成为班级主题墙环境教育的支持者、理解者、欣赏者、响应者和参与者，进一步促进家长、幼儿与主题墙环境的互动。

情感功能

班级主题墙不仅具备知识积累和传播的功能，还具备情感传达的功能。你在布置班级主题墙时融入了对幼儿发展的关注，同样，幼儿在以主人的身份参与班级主题墙布置的过程中也寄托了自己的心愿，宣泄了自己的情感。可以说，班级主题墙蕴含着你与幼儿的真切感受。比如，我园小班在开展“亲亲热热在一起”的主题活动时，教师让幼儿从家中带来一家三口的“全家福”照片布置在班级主题墙上，让他们充分感受到亲人时刻在自己的身边，从而使他们逐渐适应新班级的集体生活，培养他们乐意上幼儿园的愉快情绪。

审美功能

班级主题墙既体现了幼儿园课程的教育价值，又是一种环境装饰，所以它应该具有美感和艺术性，这对你的审美品位和美术技能是一项挑战。无论是布局、装饰，还是色彩搭配，都要具有审美性。你可以把幼儿的作品稍作加工和修饰，使之更美地呈现出来，激发幼儿的成就感，提高幼儿的审美表现能力。

班级主题墙上的内容

你可以把班级主题墙融入主题教学，使之成为主题活动的有机组成部分，成为幼儿学习的互动平台，让幼儿与主题墙环境进行有效的“对话”。

主题活动开展前的内容预设

在主题活动开展之前，班级主题墙可以起到对主题活动内容预设以及铺垫的作用。在主题活动实施的前几天，你可以与幼儿、家长共同围绕主题，收集相关资料，布置主题墙。这样做，一方面有助于你了解幼儿已有的经验，另一方面通过主题墙饰的布置和呈现能够丰富幼儿的相关经验，激发幼儿参与主题活动的兴趣，为主题活动的顺利开展做好铺垫和准备。

主题活动开展过程的记录

随着主题教学活动的不断深入，班级主题墙上的内容也应不断得到更新和丰富。你可以将幼儿在学习过程中所做的记录、进行的思考以及想出的解决方法，及时地呈现在班级主题墙上，便于幼儿之间分享经验、相互学习。这样做还有两个作用：一是可以动态地展示主题活动的进程和幼儿的学习经验，使家长和其他教师对活动的开展情况、幼儿的学习情况、阶段学习成果等一目了然；二是可以对幼儿的后续学习活动起到提示或者暗示的作用。比如，针对主题活动“买菜”，教师将幼儿参观菜场的照片和参观后画的菜场里的“蔬菜”布置在了班级主题墙上（见图6-9、图6-10）。在开展歌曲创编活动时，班级主题墙上的图片就起到了很好的提示作用。

主题活动结束后的展示拓展

随着主题活动进入尾声，这时班级主题墙上的内容也更为丰富、全面，其布置也将告一段落。在这个阶段，你的主要任务是在原有的墙饰中

图 6–9

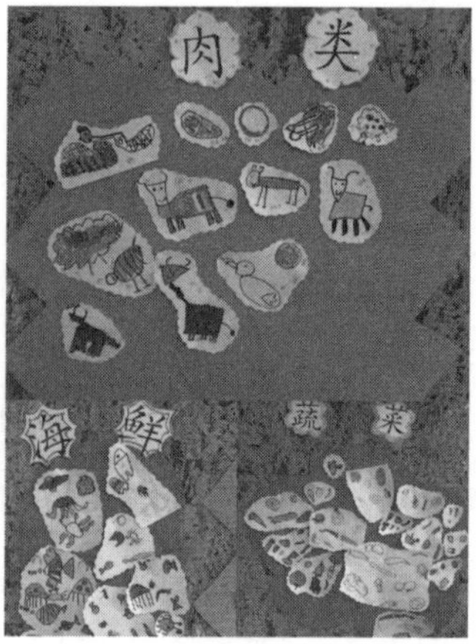

图 6–10

增加一些成果性的内容或者体现幼儿发展的资料，使家长对班级主题活动有比较全面的认识和了解。同时，也促使幼儿在与班级主题墙的互动中，不断产生新的认知和经验，从而萌发出新的主题内容。

班级主题墙的呈现方式

班级主题墙的呈现方式多种多样，一般包括图片式、表格式、作品式、谈话式、问题式等。

图片式

你可以把自己捕捉到的幼儿活动的精彩瞬间，或者你与幼儿、家长收集到的和主题相关的资料图片布置在班级主题墙上(见图6–11)。

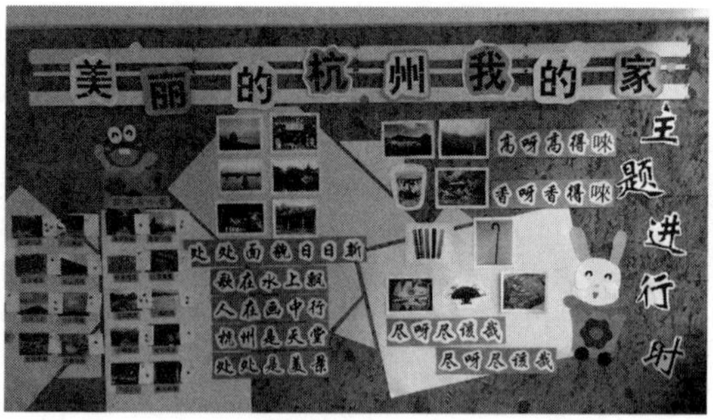

图 6–11

表格式

你可以把幼儿个人、小组或者集体制作的活动记录表、调查表或者统计表粘贴在班级主题墙上（见图6–12）。

作品式

你可以把幼儿的绘画作品以及手工作品，包括他们在教学活动中完成的作品以及和家长共同完成的亲子作品，结合主题的相关内容，比较有艺术性地展示在班级主题墙上（见图6–13）。

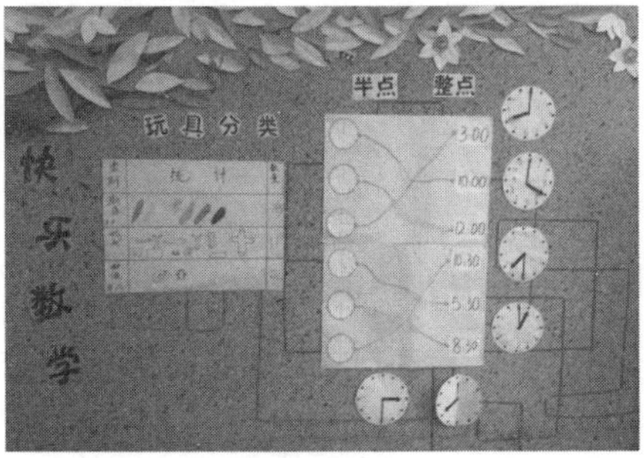

图6–12

图6–13

谈话式

你可以及时地记录幼儿在活动中对某一问题的精彩回答以及想法，将它们进行归纳梳理后，以图文结合的表现方式呈现在班级主题墙上（见图6–14）。

问题式

你可以记录幼儿针对某一现象或事物提出的问题，把它们罗列在班级主题墙上（见图6–15）。

图6–14

图6–15

班级主题墙环境伴随主题活动的开展而生成，并引领主题活动深入开展。它是推动主题活动进行的载体，也是促进幼儿发展的载体。在班级主题墙的创设中，你需要花费更多的心思，关注幼儿的经验和情感需要，关注幼儿的思维和学习特点，紧紧围绕教育目标和教学内容，让班级主题墙的内容、形式贴近幼儿的认知和生活，充分发挥幼儿的主体作用，使幼儿在与主题墙饰的互动中获得更好的发展。

3. 班级区域的划分和布局

区域划分已经成为班级环境布置的主要内容。适宜的区域环境规划，有利于幼儿按照自己的能力和兴趣，自主地选择区域、玩具和伙伴，主动进行游戏活动、探索活动和交往活动；有利于教师更好地观察幼儿，更好地组织班级活动。作为一名新教师，你对你的班级活动区有整体的设想吗？你创设的活动区是幼儿感兴趣的吗？让我们一起来为幼儿创设一个宽松、自由的活动空间吧！

整体架构，促进幼儿均衡而富有个性化的发展

对班级进行区域划分是幼儿学习和发展的需要。班级区域为幼儿提供了多样化的活动材料和选择空间，改变了以往教师讲、幼儿听的教学方式，更符合幼儿的年龄特点和学习方式。

幼儿园的活动区是根据活动内容的不同功能和类别来进行划分的。通常，教室里包括五大类区域，即表现性活动区、探索性活动区、欣赏性活动区、运动性活动区、休闲性活动区。虽然这些区域的功能各有侧重，但每一类活动区都以《指南》中五大领域的目标为宗旨。如果你能够依据

《指南》，全面考虑活动区环境的创设，使幼儿能自由自主地参与各类活动区活动，那么幼儿的发展就将是全面而富有个性化的。

明确功能，合理划分区域

表现性活动区

表现性活动区以幼儿的已有经验为基础，通过投放各种开放性材料，为幼儿提供自我表现与表达的机会。

表演区

表演区，是幼儿充分发挥想象力和创造力，自发地进行故事表演和歌舞表演的场所。幼儿可以在这里得到艺术素养和审美能力的熏陶。

建构区

建构区，是幼儿使用各种结构元件（如积木、插塑等）进行建构的游戏场所（见图6-16）。经常玩建构游戏的幼儿，在搭建和拼插各种作品的过程中，在审美规则（如对称、有序排列、均衡等）的运用过程中，能获得大量有关数量、图形以及空间的核心经验。可见，建构游戏是融思维、操作、艺术、创造为一体的活动，是幼儿阶段不可缺少的一种体验。

图 6–16

美工区

美工区，是幼儿自主进行绘画和手工制作的场所（见图6-17）。美工区既为幼儿提供了练习精细动作的机会，又为幼儿的审美表征能力的发展创造了条件，它是实施创造性教育的重要场所。

装扮区

装扮区，是幼儿开展各类角色扮演游戏的场所（见图6-18）。在装扮区，幼儿能够自由表达意愿和发挥想象力、创造力。他们对生活常规的认识、对人际关系的理解、对情感的宣泄和补偿、叙事能力的发展，都将在这里得到实现。你可以结合幼儿的生活经验创设装扮区的主题，如娃娃家、小餐厅、超市、医院、美发店、服装店、水果店、银行等。

图 6-17

图 6-18

探索性活动区

你应该通过环境的创设，让幼儿自己去发现并获得新知识。对于幼儿来说，探索性活动区应当让他们感到好奇并极具挑战性。惊奇、疑问、尝试、发现，是幼儿在这一区域进行活动的一般过程。如何通过创设环境，激发幼儿的认知冲突，让幼儿在不断的试错中建构自己的经验，是你在创设这一区域时需要思考的内容。

益智区

益智区，是幼儿通过手脑并用操作材料（棋牌类、拼图类），进行逻辑思维活动的游戏场所。你要保证益智区材料的吸引力，使幼儿自觉进入这个区域活动，在数、形、空间等的感知过程中培养爱动脑筋的习惯，使幼儿变得聪明和智慧，并且促进其智力的发展。

科学区

科学区，是幼儿探索发现客观世界、物理经验的活动场所。你要在科学区投放各种低结构材料，使幼儿通过与材料的互动，满足好奇心，保持求知欲；帮助他们解决对某一科学现象的困惑，为他们入学以后对这些现象的抽象学习奠定感性经验的基础。

种植饲养区

种植饲养区，是幼儿增长自然常识、认识生命变化的活动区域（见图6–19）。你要在这个区域提供常见且易养的动植物，让幼儿在种植、采摘、喂养、照料等直接体验的过程中，学习观察动植物的生长过程，理解生命循环的特点和价值；同时，引导幼儿体验生活的乐趣，培养他们亲近自然的情感、珍爱生命的意识以及做事的坚持性和责任感。

图 6–19

欣赏性活动区

欣赏性活动区主要包括图书阅读和实物展览两种活动，是幼儿增长见识、获得自主发展的重要区域。

阅读区

阅读区，是幼儿阅读图画书的安静场所（见图6–20）。班级阅读区能让幼儿接触各种类型的文学作品，自由选择、自主阅读，培养幼儿对阅读的兴趣，帮助他们养成良好的阅读习惯，增强他们的阅读能力。

展示区

你可以结合主题活动内容，将有关自然常识、社会历史、艺术欣赏等方面的内容展示出来，让幼儿了解和分享，开阔他们的视野，增长他们的见识。展示形式可以是图片，也可以是实物；可以集中展示，也可以分散展示。

运动性活动区

运动性活动区，是指在户外场地进行的，以粗大动作练习为主要内容的活动区域。有条件的班级可以利用走廊或者阳台创设运动区，鼓励幼儿进行钻、爬、跳、平衡等方面的练习。

休闲性活动区

休闲性活动区是幼儿休息、吃自助餐点的场所（见图6-21）。在班级中创设一个温馨、放松的休闲活动区，在里面设置小吧台、能量加油站等，既让幼儿得到了休息和放松，也增加了他们与同伴交流的机会。

图 6-20

图 6-21

创设区域应考虑的因素

在创设区域时，你还要考虑以下几点。

班级区域划分数量要适当

在对班级空间进行划分的时候，你既要为幼儿提供丰富、适宜的活动区，也要为他们提供集体活动的空间。活动区的设置是为了满足幼儿开展游戏和区域活动的需要，但是区域活动不能完全代替集体教学，因此区域的划分必须要保证幼儿有足够的集体活动空间。你可以根据教室空间的大小来确定活动区的数量，一般6～8个为宜，特别是托幼教室，不应创设太多的活动区。

根据幼儿的年龄特点和需求来设置区域

在设置区域时，不要盲目，而要考虑幼儿的年龄特点和兴趣。比如，小班幼儿刚入园，分离焦虑严重且自我服务能力差，所以你应多创设贴近幼儿生活经验、游戏性较强的活动区，如娃娃家、生活区、建构区、表演区等；到了中班，随着幼儿知识经验的丰富，你可以加入对角色要求高的交往性活动区，如小餐厅、美发厅、医院、银行、超市等；到了大班，幼儿对认知探索的需求增强，与同伴合作的能力不断提高，你可适当增加规则性强的活动区，如科学区、益智区、棋类游戏区等。

区域的空间大小以及位置要合理

各个活动区的大小要适中，至少可以容纳5名幼儿同时进区游戏。另外，还要考虑活动的性质。比如，幼儿建构的作品有时会很壮观，所以建构区要适当大一些。你可以利用独立阳台或午睡室（床可移动），保证幼儿在进行搭建活动时有充足的空间且不被打扰。

在划分区域时，你还要注意活动区与活动区之间的距离。安静的区域（如阅读区）和活跃的区域（如表演区）不要离得太近，以免安静区域的活动受到干扰。那些要求水和采光的区域，如科学区和美工区，要设置在靠近水源和窗户的地方。在进行规划时，你要尽可能地把性质相同的活动区安排在相邻或相近的地方。

开放性区域和封闭性区域有机结合

在确定活动区的开放性和封闭性程度时，活动区的特点和特殊需要是一个不容忽视的因素。比如，阅读区需要安静的氛围，因此相对而言比较封闭，但这并不意味着它和其他活动区之间相互隔绝。事实上，阅读区和其他活动区之间也可以有比较强的互动性。比如，阅读区的幼儿可以和其他活动区的幼儿相互交流，和他们一起将探究成果绘制成图书或者根据需要查阅相关资料等。

活动区为幼儿提供了一个更加宽松、自由的活动空间。在这里，每个幼儿都可以按照自己的学习方式、发展水平、活动兴趣，自主选择内容和活动伙伴，主动进行探索学习，体验快乐、成功和自信。

4. 提供适宜的区域操作材料

区域活动是具有隐性学习性质的游戏活动，充分体现了幼儿自我学习、自我探索、自我发现和自我完善的过程。提供适宜的区域材料是引导幼儿进行有效区域活动的前提。如果缺少材料，就会影响区域活动的正常开展；如果投放的活动材料单一、不丰富，则无法满足幼儿的需要，无法引起幼儿的操作、探索欲望；如果投放的材料忽视了幼儿的年龄特点，无难易程度的层次差异，那么幼儿就不会感兴趣，区域也就成了空洞的摆设。因此，如何恰当地投放区域材料，以满足不同层次幼儿的发展需求，是你需要解决的一个重要问题。

区域材料投放内容

下面以表演区、建构区、美工区、装扮区、益智区、科学区、阅读区的材料投放为例，简单介绍一下各活动区域材料的投放内容。

表演区

你可以在表演区投放各类乐器、音乐播放器、自制乐器以及一些能敲击出不同声音的生活用品，如锅、碗、瓢、盆等，供幼儿进行节奏、节拍的练习和表演。除了打击乐器之外，你还要投放各类服装、发饰、啦啦花等道具，供幼儿进行服装表演、跳舞等用（见图6–22）。你也可以投放彩纸、报纸、纱巾等材料，让幼儿自己制作表演用的服装、道具。

建构区

在建构区，你可以提供不同材质的搭建物品，如各种形状和各种型号的积木、管子、纸杯、多米诺骨牌、易拉罐、牛奶盒、鞋盒、插塑玩具、雪花片等，供幼儿进行搭建、塑形等活动使用。你还可以提供一些交通标志、花、草、楼房、小人和动物的立体摆件，以丰富幼儿的搭建内容（见图6–23）。

图 6–22

图 6–23

美工区

美工区是为锻炼幼儿的小肌肉活动能力和创造能力而设计的，是以幼儿的创造性活动为主的区域。因此，你在投放材料时应选择操作性比较强的材料或半成品材料，以刺激幼儿的操作欲望，促使他们从事创造性美术活动。你可以为幼儿提供各类不同材质的纸以及基本的作画工具，如油画棒、彩色笔、记号笔、棉签、毛笔、彩色颜料、国画颜料等，也可以收集大量的废旧材料和自然材料，还可以投放一些利用这些材料制作的美工作品，以激发幼儿的创作兴趣。

生活类材料

瓶子，可以让幼儿在上面创意作画、涂色，并用彩纸、彩带等进行装饰；报纸，可以裁剪、弯折、塑形等；纸盒、纸杯、纸箱等，不但可以用来进行绘画、装饰活动，还可以组合成各种有趣的造型。生活中的其他物品，如扇子、伞、小棒、管子、蛋壳、瓶盖、纽扣、CD盘等，也是很棒的美术创作材料。另外，你还可以搜集各种棉纺织品，如毛线、海绵、棉花、彩绳、袜子等，供幼儿进行绕、粘、穿、绑、填充等美术创作活动。

自然类材料

根据不同季节的更替，你可以收集各种植物的花、叶、枝、果实和果壳，让幼儿进行拼、粘、涂等活动。如果幼儿有机会到海边游玩，可以提醒他们收集各类海螺、贝壳等作为美工区的装饰材料。此外，各种蔬菜、水果，如青菜、莲藕、芹菜、蘑菇、萝卜、苹果等，都是很好的印画材料；家禽以及鸟类动物的羽毛可以作为手工装饰材料；大自然中的石头、沙子以及陶泥等，也是幼儿喜爱的创作材料。

玩具类材料

幼儿的一些玩具也可以作为美工区的材料，比如，各种形状的积木，可以用来让幼儿蘸颜料进行印画活动，在纸上拼出有趣的图案；玩具小车的轮子，可以用来让幼儿蘸颜料在纸上留下各种不同痕迹的彩色路。

装扮区

装扮区是让幼儿模仿社会实践的区域，一般情况下所投放的材料要与该区域的主题相关，布置场景要满足幼儿情境表演的需要，如娃娃家、美发店、医院、小吃店、水果店、超市、服装店等。你可以从职业特点入手，提供扮演相关角色所需要的材料。投放的材料可以多一些半成品，给幼儿自由创造和发挥的空间。比如，在“小吃店”里提供可以塑形的彩泥或面团，让幼儿根据游戏需要，自己制作点心等食物（见图6–24）；在

图 6–24

“服装店”里提供报纸、彩纸、笔、剪刀、胶水、胶带纸等，让“设计师”根据“顾客”的需要，设计并制作服装，使游戏内容更加丰富。

益智区

益智区是发展幼儿思维和智力的区域，你要根据不同年龄段幼儿的认知水平和特点来投放益智区的材料。针对托小班幼儿，你可以投放各种拼图、图形配对材料、数字对应卡、颜色分类玩具等；针对中大班幼儿，你可以增加一些暗含规则的竞赛类益智玩具，如斗兽棋、飞行棋、跳棋、五子棋、围棋、象棋等。幼儿在游戏过程中不但发展了逻辑思维能力，还增强了交往能力。迷宫也是幼儿喜欢的一款益智游戏。除了提供现成的游戏材料之外，你还可以引导幼儿利用各种美工材料自制迷宫，使游戏更富有挑战性和趣味性；扑克牌上都有点数，你可以利用这些不同花色的点数，教幼儿数数。同时，牌角都有数字，这样就很容易在幼儿的头脑中建立点与数的对应关系。此外，你还可以鼓励幼儿利用扑克牌比较数的大小。

科学区

科学区材料的投放要能激发幼儿的好奇心以及探索欲望。因此，你应在日常生活中观察本班幼儿的兴趣点，从幼儿感兴趣的事物出发，选择、投放材料，如石头、水、各种镜子、吸铁石、小电珠、各种塑料管、各种质地的球等（见图6–25）。同时，你还要提供相应的辅助材料，如天平、量杯、地球仪、放大镜、手电筒、测量工具等。幼儿可以通过辅助材料更彻底地观察研究对象或做实验，探究科学现象和问题。比如，当幼儿研究摩擦起电现象时，除

图 6–25

了提供玻璃棒、碎纸屑、毛巾外，你还需要提供丝绸布、毛线等，方便幼儿探索不同材料摩擦玻璃棒能否起电，培养他们的发散性思维。

阅读区

在阅读区（见图6-26），你除了为幼儿提供大量生动形象、符合他们年龄特点的阅读材料外，还可以动员幼儿把家里的图书带到园内和同伴一起分享，让幼儿相互讲述自己熟悉的故事，介绍自己的图书，这样做不但提高了幼儿的语言表达能力，而且增强了他们的交往能力。除了阅读材料，你还可以在阅读区添置用于故事表演的头饰、指偶、录音机等材料，让幼儿可以自主地进行故事的录音以及表演。另外，你还可以在阅读区设置“图书美容中心”，投放剪刀、胶水、双面胶、透明胶、纸、笔等材料，让幼儿自己修补弄破的图书，培养幼儿爱惜图书的意识。对于无法修补的图书，你可以重新加以利用，改为剪剪、贴贴、说说，让幼儿进行故事创编活动。

图 6-26

区域材料投放策略

在投放游戏材料时，你需要注意以下事项：

材料的投放要符合幼儿的年龄特点和兴趣点

你在投放区域材料的时候，应关注材料是否符合本班幼儿的年龄特点和兴趣点，在材料的投放上力求突出个性化，符合幼儿的兴趣爱好。此外，你还应随着幼儿的需要与兴趣点的转移，适时地调整材料。只有对本班幼儿的年龄特点、学习特点、原有经验等进行深入的分析，你才能在了解、尊重的基础上，进行材料的投放与引导。

材料的投放要有计划性和层次性

虽然区域活动不同于严谨的集体教学活动，但它也有目标，只有在明确目标的前提下才能确保你为幼儿提供的材料是适宜的，使幼儿通过主动操作建构新的知识和经验。材料的投放要有层次性，你可以根据本班幼儿的发展水平以及课程的需要制订区域目标，在实施的过程中根据幼儿的操作情况和操作水平及时加以调整，使区域材料的投放更好地定位在幼儿的最近发展区上。你要由浅入深、从易到难，把材料分解成与幼儿认知发展相吻合的操作层次，使材料细化，并在幼儿活动时给予必要的提示和引导，使幼儿在选择材料进行操作时能量力而行。

投放的材料要有可操作性和趣味性

幼儿的思维是直觉行动性思维，他们是在对物体的反复操作中逐步理解物体之间的关系的。因此，你投放的区域材料不仅要让幼儿动手操作，还要让他们动脑操作、动口操作，从而有效地促进幼儿的发展。与此同时，你也要注重材料的趣味性。有趣的材料才能激发幼儿主动学习和探究的欲望，使他们变被动学习为主动学习。如果材料不注重趣味性，即使再有教育价值，也不会引起幼儿的关注，也就没有什么实际意义了。

投放的材料可以作为主题活动的延伸和补充

区域活动中的材料可以作为主题活动的延伸和补充，与所要达成的教育目标紧密相关，将目标隐藏在材料中。比如，在开展了主题活动“有趣的种子”后，为了进一步帮助幼儿获得更多关于种子的知识，你可以在科学区投放幼儿收集到的各种各样的种子，并提供放大镜，让幼儿仔细观察种子的外形特征；提供相关图书、光碟，丰富幼儿的知识；提供花盆、铲子等，让幼儿做种子发芽的实验，提高他们观察、思维、动手实验、发现和解决问题的能力等。

总之，区域材料的投放需要以人为本，从幼儿的兴趣和需要出发，并通过有效地观察幼儿的进区表现，发现幼儿在游戏中与材料的互动情况，及时调整区域材料的投放，使区域材料发挥更大的教育价值。

5. 让班级环境变得舒适

要创设一个舒适的班级环境，你不但要合理布局教室空间，提供丰富的游戏材料，还有很多细节需要注意。

不要忽视色彩的作用

我们的生活离不开色彩，很多幼儿园在创设环境时更是把色彩运用得淋漓尽致。色彩运用得当，能给幼儿带来美的享受；色彩运用不当，则会给幼儿造成视觉上的“污染”。所以，你在创设班级环境时要注意以下几点：

色彩对情绪的调节作用

色彩是情感的语言，色彩对情绪的调节作用是显而易见的，也对幼儿健康人格的形成起着不可低估的作用。你要创设一个舒适、温馨的班级环境，让幼儿在这个空间里逐步感受色彩的美妙。通常，单纯、干净、源于自然的色彩易使幼儿产生共鸣，便于他们欣赏表现。

色彩不是越多越好，应选择一个主色调

有些教师在布置班级环境的时候，过分强调色彩的丰富，把活动空间装饰得五彩缤纷，反而容易造成幼儿视觉上的混乱，使幼儿情绪烦躁，注意力分散，难以分辨物体的真实大小和距离。因此，在创设班级环境的时候，你应选择一个主色调，避免色彩的杂乱无章，考虑环境色彩的整体美。一般不宜用大块面的深色，应采用大块面的浅色来支撑，周围点缀些同色系的深色或对比色，可使画面既有局部美的变化，又有整体协调感。

和谐统一中的色彩对比

色彩诱人的魅力是在相互比较和衬托中显现的。尤其是对比色的应用，可以使色彩生动鲜明。班级色彩的应用也应该遵循这个规律，你可以通过色相、明度和纯度的对比来达到色彩鲜明、清爽的效果。此外，在布置教室墙面的时候，你还可以在色块的大小比例以及线条的粗细宽窄方面进行变化（见图6-27、图6-28），造成色彩彼此之间的互动关系。

图 6-27

图 6-28

我的地盘我做主

舒适的班级环境离不开规则的制定，让幼儿参与规则的制定，不仅能充分调动幼儿的自主性，还能更好地提高幼儿遵守规则的自觉性。

共同讨论活动区的规则

幼儿是环境的主人，因此班级的区域创设和规则的制定应该让幼儿参与。因为活动区的规则是由幼儿亲自参与制定的，且是他们活动需要的，所以他们都能比较好地接受并在游戏过程中更加自觉地遵守。这些规则不仅为幼儿创设了良好的学习环境，而且可以帮助幼儿将其不断地内化为自己的习惯。

当幼儿在游戏过程中发生矛盾、遇到问题时，你不要急于去解决，而要让他们在讨论和反思中通过协商来解决，并建立起相应的规则。采用这种方式形成的活动规则，不仅能让幼儿深刻体会到规则的重要性，增强幼儿遵守规则的自觉性，而且有利于培养幼儿自主解决问题的能力。

共同制作活动区规则图

针对托小班幼儿，你可以采取拍照的形式，将幼儿在活动区玩的正确方式及步骤拍下来，帮助他们理解并遵守活动区的规则。你还可以通过环境的暗示作用，提醒幼儿遵守规则。比如，在活动区入口处的地板上贴几双小鞋印和一双摆放正确的鞋（左右脚正确），这样幼儿通过脚印数就知道有几个人可以进区活动，也知道如何正确摆放鞋。中大班幼儿已经具备一定的绘画以及书写能力，你可以引导他们通过绘画的方式以图文结合的方法，形象地表示活动区的规则（见图6–29）。

图 6–29

合理摆放班级物品

“班级物品摆放好，方便你我他”，一个整洁有序的班级环境离不开物品的整理与收纳。

安全方便

对于幼儿的私人物品（如书包、衣物、从家里带来的玩具等），你可以在上面写上幼儿的姓名或贴上小动物贴纸做标记，以便幼儿和家长认领。你要安排放置它们的固定位置（见图6–30），摆放时要求整齐，易

图 6–30

拿取。你和保育员的私人物品要统一存放在有锁的柜子里或幼儿拿不到的柜子里。特别是药品和做卫生用的消毒水，一定要放在幼儿够不到的地方，以免发生危险。

有序归纳

有些班级的活动区材料很丰富，但是无序的摆放使班级的环境显得很杂乱，因此，每个活动区的操作材料都应有相对固定的摆放位置。对于托小班幼儿，你可以使用图片对应的方法，即在材料盘上做好标记，并在橱柜相应的位置贴上对应的图片，帮助幼儿记住物品的摆放位置（见图6–31）。对于中大班幼儿，你可以使用图形或数字来做标记。幼儿身处这种有准备、有秩序感的环境中，自然而然就能形成良好的归位意识，进而养成规范有序的习惯。

图 6–31

具有艺术性

班级内物品的摆放要满足幼儿对美的追求，陈设品本身的造型应具有童趣美，要与环境相协调，富有艺术性，给幼儿一种美的熏陶。

小角落有大用处

你应充分利用班级的每一个角落，将它们设计成幼儿的私密空间——“悄悄话屋”（见图6–32）、解决同伴争执的空间——和平区（见图6–33）、情绪安抚区——情绪角（见图6–34），给幼儿提供充分表达内心的空间，让幼儿在这些空间里拥有安全感，消除离开父母的焦虑情绪，培养对幼儿园的依恋情感。

图 6-32

图 6-33

图 6-34

巧用挂饰做隔断

你可以利用各种不同的挂饰，如彩色布条、绳子、小草等适宜的、安全的废旧材料（见图6-35、图6-36、图6-37），创设多种风格、形式的空间隔断，这样既可以对区域进行局部的划分，又可以起到美化环境的作用，突出空间的层次感和立体感。

图 6-35

图 6-36

图 6-37

第七章

获得家长的支持

孩子是家庭的核心，孩子的发展和教育牵动着每一个家长的心，而你的教育对象的年龄决定着你对孩子的教育过程一定有家长的参与、合作与支持。正如陈鹤琴先生说的那样："幼稚教育是一件很复杂的事情，不是家庭一方面可以单独胜任的，也不是幼稚园一方面能单独胜任的，必定要两方面共同合作方能取得充分的效果。"因此，家长工作技能成为幼儿教师必备的专业技能。然而，家长是个复杂又多元的群体，他们的年龄、职业、文化背景甚至性格、性别的不同，导致他们的教育观念不同。在学校，没有一位教师被系统地教授过"如何做好家长工作、怎样才能得到家长的支持"这一门课程。因此，作为新教师的你在怀揣满满的职业理想，信心百倍地踏上工作岗位后，不可避免地会遇到很多家长工作的难题。

1. 你和幼儿的家长

要得到家长的支持，你必须先了解他们。只有对他们有了足够的了解，你才能因人而异地与他们进行有效沟通，进而取得他们的信任和支持。

了解幼儿家长

幼儿家长，主要是指幼儿的父母、祖父母、外祖父母等。父母作为幼儿的监护人，承担着主要的抚养和教育责任。父母因受教育程度不同，对孩子的家庭教育理念和教育方式也有所不同。

> 王老师正在讲故事，幼儿都很安静地听着。突然，一向不太爱说话的宝宝跑到王老师的面前说："老师，小宇用针戳我的大腿，很疼！"王老师立刻停下，问："小宇，请问你在干什么？"小宇支支吾吾地说："这是我捡到的，我想看看这个针扎人疼不疼。"
>
> 晚上小宇妈妈来接小宇时，王老师小声地把事情讲给小宇妈妈听。小宇妈妈一把把玩得正开心的小宇拉到身边，很严厉地说："你又做坏事了！回去好好收拾你！"然后，对老师说："老师，你对他严厉一点，不行就打他，没事的！"王老师告诉小宇妈妈这样的解决方式不能起到很好的效果，可是小宇妈妈一脸茫然地说："我们也不懂教育，我是个急性子，说一遍不听就要打。他在家里简直就像疯子一样，不打不听啊！"

上述案例中的小宇父母是做生意的，平时工作忙，教育和陪伴孩子的时间很少，加上自身文化素质不高，有时对孩子溺爱有加，但当孩子出现问题时又缺乏教育策略，只能粗暴地对孩子进行打骂，可打骂非但不能收到良好的教育效果，反而适得其反。

> 正在上中班的小豆在集体活动时是个“自由分子”，听到感兴趣的内容时，他总是激动地站起来，大声说出自己的想法，从不遵守“举手发言”的规则；听到不感兴趣的内容时，他会直接离开位置，跑到喜欢的区域玩，老师再三提醒也不予理睬。老师把这一情况反映给了小豆妈妈，小豆妈妈笑着说：“没事的。我是学心理学的，生小豆之前看过很多幼儿教育方面的书，也比较了解国际上许多先进的幼儿教育理念，我们家主张不约束他，让孩子在自由的环境中自信地成长。”

小豆妈妈是一位高学历的家长，有着国际教育背景。她主张教育要尽量减少束缚，让孩子自由发展，并坚信自己的教育观念是正确的。殊不知，这样的观念有失偏颇，良好的规则意识和秩序感也是幼儿成长所必备的。

当然，并不是低学历的家长都爱打骂孩子。同样是高学历的家长，教育观念也会有所不同。所以，你可以通过查阅相关资料，了解家长的职业和受教育背景，并在和家长的交流中充分了解每一位家长的性格和教育观念。

由于现代社会人们工作繁忙，许多家庭由祖辈家长（即爷爷奶奶、外公外婆）来承担孩子的抚养责任并负责每天接送孩子。我园曾对一个中班的30个孩子进行统计，发现班级中有三分之二的孩子每天由祖辈家长或保姆接送。祖辈家长有着与年轻家长不同的特点：他们更加宠爱孩子，更关注孩子的生活细节，眼里经常只看到自己的孩子。他们喜欢唠叨，所以你与他们见面打招呼时要热情并面带微笑，尽量主动地将孩子在幼儿园发生的事说给他们听。

部分幼儿的照顾和接送任务由保姆来承担，保姆由于身份的特殊性，有时不能如实反映幼儿的情况。

童童是个刚上托班两周的孩子，每天由保姆送到幼儿园。早晨来园时，童童常常哭着喊着要找妈妈，并拉着保姆的衣服不肯放手。老师接过童童之后，帮他擦擦眼泪，亲一亲他，和他一起玩起小汽车，童童也就不哭了。老师把童童的这一情况如实反馈给了保姆，并告诉她，孩子入园不久，出现这样的情况很正常，慢慢地等孩子熟悉了幼儿园生活、熟悉了老师和同伴，他来园时就不会大哭大闹了。到了第三周，老师发现童童连着两天没来幼儿园，以为童童病了，赶紧打电话联系童童妈妈，没想到童童妈妈的态度相当冷淡，她说："听保姆说童童每天上幼儿园时都哭得声嘶力竭，太可怜了，幼儿园里孩子多，老师也顾不过来。这两天早上，我看到童童不太愿意上幼儿园就答应让他在家玩。"听了童童妈妈的话，老师发现保姆并没有把童童在园的真实情况转告给童童妈妈，于是赶紧将童童这两周在幼儿园的情况进行了反馈，童童妈妈这才恍然大悟，并表示明天起没有特殊情况会坚持送童童上幼儿园。

对于经常由祖辈或保姆接送的幼儿，除了及时和接送者进行沟通外，你还需要定期（建议每周一次）联系幼儿的父母，和他们直接交流幼儿的在园情况。

你和幼儿家长的关系

你与幼儿家长之间的基本关系是工作关系，大家有一个共同的目标——家园合作共育幼儿。《幼儿园教育指导纲要（试行）》指出："家庭是幼儿园重要的合作伙伴。应本着尊重、平等、合作的原则，争取家长的理解、支持与主动参与，并积极支持、帮助家长提高教育能力。"因此，你和家长之间的关系应该是互相尊重、互相信任、彼此平等的工作关系。

遇到家长送礼怎么办

中秋佳节即将来临，这天冬冬妈妈送冬冬来园时手上拎了3盒月饼，她边放下月饼，边祝老师中秋节快乐。老师拎起月饼想还给冬冬妈妈，冬冬妈妈却快速离开了教室。下午，冬冬外婆来园接孩子，老师请外婆将礼物带回家交还给冬冬妈妈，可外婆说什么也不肯。

你走上幼儿教师岗位后，不可避免地会遇到家长送礼的情况。家长给老师送礼，不外以下几方面原因：

- 感谢老师。家长觉得老师工作很辛苦，对孩子照顾得很周到，所以在节日来临之际，送礼物真心感谢老师。
- 希望孩子能得到特殊的照顾。家长希望老师在幼儿园多给孩子学习的机会，在生活中多照顾孩子。
- 跟风心态。看到别的家长送礼，认为如果自己不送，孩子就会吃亏。

无论家长出于何种心态送礼，你在收到礼物后一定要委婉地拒绝。当面送礼，当面谢绝；不慎收礼，巧妙归还。不过，有的礼物是家长从家乡带回来的土特产食品，确实难以推辞，那么你可以请班级孩子一起品尝，然后在这位家长的孩子过生日时回赠小礼物表示感谢。

教师节的早晨，小毛来园时手里举着一个信封，高兴地对老师说：“祝赵老师教师节快乐！这是我送给你的贺卡，是我自己画的。”赵老师高兴地说了“谢谢”并收下了贺卡。可当她打开贺卡时，发现里面还夹着一张超市购物卡。赵老师给小毛妈妈写了封信，信中感谢孩子的节日祝福和家长对自己的信任，并表示照顾好孩子是自己应该做的本职工作，家长的心意收到，但是礼物不能收。然后，她把超市购物卡夹在信中封好，放在小毛的小书包中让他带回了家。最后，短信告知，请家长收信。

2. 怎样向家长反映幼儿在园的情况

学前儿童年龄小，身心发展水平低，所以当家长把孩子交到你手上时，心中难免会有各种牵挂和不安，想了解孩子在幼儿园的各种情况，这是人之常情。有效的家园沟通能达成家园教育观念的融通，教育烦恼的相互理解及教育方法的相互配合。

“微笑”和“甜嘴巴”是家园沟通中的两大法宝

早上，奶奶送甜甜上幼儿园时，甜甜黏在奶奶身边不愿意向老师问早，也不愿意让奶奶离开。张老师见状主动迎上去笑着说：“甜甜早上好！奶奶早上好！甜甜来得真早，今天我们继续玩理发店的游戏，好吗？”见甜甜点头，张老师又微笑着对甜甜奶奶说：“甜甜玩游戏时可开心啦，奶奶放心去买菜吧。下午奶奶还要做饭、接甜甜放学，辛苦啦！”奶奶高兴地和甜甜说完再见回家了。

家长和孩子都是很敏感的，他们很在乎老师的一言一行、一举一动。简单的微笑，拉近了你和家长的距离；热情的语言，感染了家长的心灵。案例中的甜甜奶奶就经常对别人说：“张老师真好，每天笑眯眯的，可喜欢我们甜甜了。”心的距离近了，沟通就变得容易了，你向家长反映孩子的问题就容易得到家长的配合。

专业性的观察是向家长有效反映幼儿在园情况的基础

今天小迪在“好味道餐厅”工作，他将一大团面粉拌上黑米、红豆、绿豆等放到盘子里进行拍打、揉搓。赵老师来了，跟小迪说她想吃清明团子，小迪马上用手中的面团搓了2个小团子，请赵老师吃。听到赵老师想吃红豆味的，他细心地把黏在面团上的黑米、黄豆挑出来，只留下红豆。不一会儿，小迪做好了“一个团子”、“一盘团子”和“一盘网球菜”，并把它们搬到餐厅的台子上依次放好。然后，他又跑到美工区找到笔和价签，开始标价，边写边嘀咕：“几元一个呢？”“元不会写呀！”张老师写了一个“元”字，让他照着写，他很快就学会了，然后在三个作品上分别标上“2元”“6元”……摆上了“好味道餐厅”的展台。

“小迪学习的目的性和学习时的专注力都很强，而稳定的情绪状态为他专注地完成学习任务提供了保证。他开始对物品标价和买卖游戏感兴趣，你们有机会带他去超市时，可以重点引导他读读物品的标价，也可以给他几元钱让他自主购物，进一步引发他对标价和钱币的兴趣。”当家长听到你对孩子细致的描述、客观的分析时，一定会被你折服，同时对你的信任大大增加。而支持你向家长娓娓道来的基础是专业性的观察和分析。

作为一名幼儿教师，观察幼儿是你的一项基本功。每个幼儿都是独特的，要理解他们的特点，你需要细致地观察他们做些什么，认真地倾听他们说些什么，然后运用专业知识进行分析。幼儿会用各种个性化的方式表达他们的需要，“尖叫”不一定是捣蛋，而是想引起你的关注。

多向家长反映幼儿在园一天生活的优秀表现，以优促优

“宝贝今天学会自己用杯子接水喝了。”“宝贝今天自己完成画画作业，不需要老师帮忙。”“宝贝下飞行棋输了，可是没有发脾气，坚持再来一盘，结果胜利了。”……你要多向家长反映幼儿会做的事、能做的事，接纳幼儿的情绪，关注幼儿如何主动学习，关注幼儿在学习过程中表现出的优秀学习品质，把正能量传递给家长，以优促优。俗话说，“生活在鼓励中的孩子学会自信，生活在赞赏中的孩子学会感激，生活在接纳中的孩子学会去爱”。

看到这里，你可能会有些疑惑——是不是就不能向家长指出幼儿的问题，不能对幼儿提出批评了呢？当然不是。当幼儿出现问题必须家园合作共同解决时，你需要向家长如实反映，但必须十分谨慎，尽量避免在公开场合或幼儿在场的情况下提出。在反映问题的同时，你要给予专业性的教育建议。比如，针对前文案例中的小宇，你可以给出这样的家庭教育建议：“合理安排孩子的饮食结构，少给孩子吃甜食，因为甜食易引起兴奋的情绪。家长要给予孩子更多的关爱，每天抱抱、亲亲孩子，多与孩子进行情感上的交流，同时在爱的基础上树立一定的行为规范。家庭成员的意见要统一，对孩子的教育行为要长期地保持一致。”

三个步骤教你与家长沟通幼儿在园的意外受伤事件

家长送孩子上幼儿园，最在意的是孩子的安全问题。而幼儿在活动中意外受伤，小到被同伴抓伤、咬伤，大到磕破皮出血，需要上医院缝针，摔断手臂等，是你成为幼儿教师后一定会面对的事。幼儿意外受伤后，你首先要做的是带幼儿到医务室请保健医生及时处理伤口，如有必要，确定后续治疗方案。然后，你不得不面对的是如何就幼儿的受伤事件和家长沟通。做到以下几点，你可能会得到家长的谅解：

第一时间且实事求是地告知家长事件的经过和伤口处理的方法

如果幼儿受伤较严重，需要送医院继续接受治疗，请立即打电话告知家长，并请家长到达现场，在家长认同治疗方案后，再安排幼儿接受后续治疗。如果伤口无大碍，幼儿离园时见到家长，你要主动告知他们。

态度真诚地道歉

你可以说："很抱歉，孩子受伤了，我很心疼！""孩子头上磕了个大包，一定很疼，是我们工作疏忽，真对不起！"尽管有些意外难以避免，但孩子受伤后，你要勇于担当，不推卸责任。

离园时间，孩子们都纷纷跑向自己的家长，老师微笑着和孩子们说再见。这时，当当奶奶大声地问老师："当当的脸被谁抓了呀？皮都被抓破了！"

有时，你可能没有及时发现幼儿的小伤口，面对家长的质问，这时你回答"不知道"是不妥的。你要带着同理心，马上处理幼儿的伤口，然后对自己没有及时发现幼儿受伤表示抱歉，事后了解清楚事情的经过，给家长一个解释。

做好后续的联系和探望工作

如果幼儿在园内受伤后需要在家休养，不能来园，你要每天和家长取得联系，了解幼儿的康复情况。如果幼儿需要住院接受治疗或者在家休养时间比较长，你要及时到医院或家中探望，甚至担当起陪护的责任。

3. 多元的家园沟通方式

家园沟通的方式多种多样，每一种方式都有其独特的功能，根据沟通需求恰当运用是很重要的。

口头交流方式

口头交流方式是最经常、最直接、最及时的家园沟通方式。

接送时段面对面交流

接送时段分为早晨入园时段（一般是8:00—9:00）和下午离园时段（一般是16:30—17:00），具体时间各幼儿园可能会有所不同。

早晨8:00开始（有的幼儿园可能更早），家长陆续送幼儿入园，这时老师以关注幼儿为主，和家长交流的内容主要是了解幼儿入园时的情绪，身体有无异常，是否需要服药（如需要服药，请详细记录药名、服药时间和剂量），倾听家长告知的相关事项。

离园时段，班级两位教师一般都在，主班教师负责照看孩子，配班教师主要负责和家长交流。这时因为需要交流的家长很多，所以交流的内容尽量简短，用两三句话反映幼儿当日的表现、点滴进步或家长这段时间特别关注的问题。比如，“点点今天午睡时间睡了1个半小时，睡得很香。”“佳佳今天和明明一起下棋，他们最近经常一起玩，成了好朋友。”“小宝今天把带来的图画书和小伙伴们分享，他和老师一起把书上的故事讲给小伙伴听，大家都很喜欢这本书。”……当你将幼儿的日常表现娓娓道来时，相信你一定可以看到家长会心的微笑。

家访

家访一般在新生入园前进行。教师走进幼儿的家庭，初步了解幼儿的家庭背景、家庭教养方式和态度、家长对教育的期望、幼儿的喜好和性格等。教师和家长的友好交流能消除幼儿对教师的陌生感；师生一起拍照、玩游戏，能让幼儿和老师逐渐亲近起来，有效缓解入园焦虑。这些在前面的章节已有详细阐述。而在学期中，如果幼儿有特殊情况发生，如生病住院、情绪和行为反常等，你也有必要及时进行家访。

优优（中班）最近总是哭喊着不愿意来幼儿园，到教室门口时拉着妈妈的手不愿意进门。今天优优妈妈把他抱上电瓶车坐好，可他硬是从开动着的电瓶车上跳了下来，幸好车速不快，没有受伤。老师关注到这个问题，和优优妈妈约好进行家访。家访中，老师和优优妈妈进行了亲切的交谈，了解到最近因为优优爸爸长时间出差，优优才出现了反常情绪。于是，老师拉起优优妈妈的手，参观了优优的小房间和阳台小花园，并拉起了家常，临走时老师和优优妈妈、优优拥抱道别。

案例中，在与妈妈的交流中教师发现，优优的反常表现是由于爸爸长期出差，他心理缺乏安全感造成的。所以在家访中，老师并没有讲道理，而是和妈妈之间表现出一种亲近感，让优优感觉到老师是妈妈的好朋友，当他再次面对老师时，安全感油然而生，哭闹情绪随之缓解。

面谈

面谈，是指当幼儿在行为习惯、学习、生活等方面出现一些棘手的问题，教师和家长需要面对面深入交流时，双方约定时间、地点，进行的个别化谈话活动。

天天是一个有较强攻击性的孩子。在幼儿园一日活动中，他一会儿抢同伴的积木，一会儿用脚绊倒别人，大喊大叫、乱扔玩具的现象更是时有发生。孩子们经常向老师告状，老师用了讲道理、提醒、批评等多种方法，但是收效甚微。久而久之，小朋友们都不爱和天天一起玩。缺少朋友的天天和同伴间的冲突越来越多，而且他还经常发脾气。眼看着情况变得严重了，老师约谈了他的爸爸妈妈。

下午3点，天天的爸爸、妈妈如约而至。参加面谈的除了老师，还有园长。在老师和园长的询问下，天天的爸爸、妈妈仔细描述了天天从出生到入园前抚养者的情况，以及他在家里的生活、玩耍细节。老师和园长分析了天天的行为可能是由于爸爸较少陪伴他，教育方式简单粗暴，再加上天天爱看有打斗情节的动画片并爱模仿等原因引起的，最后园长提出了若干纠正天天行为的策略。约谈不知不觉进行了1个半小时。

作为一名新教师，你有专业的理论知识，但由于入职时间短且尚未为人父母，所以缺乏教育经验。当遇到较棘手的教育问题时，你可以请教身边的同事和园领导，他们一定很愿意帮助你。约谈时，园长会根据幼儿的情况给出专业化的教育建议，不仅能使家长受到启发，也一定使你受益匪浅。约谈结束后，你需要对家长教育策略的实施情况以及幼儿的行为进行追踪观察，发现进步及时表扬，进行强化。

电话沟通

电话沟通，主要是针对不经常来园接送孩子的家长进行的一种沟通方式。当发现幼儿有问题需要与家长沟通但又无法进行面谈时，你应及时给家长打电话交流，也可以鼓励家长主动打电话，与你一起商讨孩子的教育问题。不过，你应告诉家长，你在带班时间无法接听电话。

书面交流方式

将幼儿的情况用书面的形式记录下来并反馈给家长是一种比较正式的交流形式，能留下幼儿宝贵的成长足迹。

儿童成长记录册

儿童成长记录册是一本记录幼儿成长足迹的册子，里面有充满童趣的作品，有教师观察后记录的趣事，有家长和教师共同记录的幼儿的学习过程，也有幼儿在主题活动或者区域活动后的自我评价。这样的记录册是童年珍贵的回忆。

幼儿观察记录表

幼儿观察记录表可以让家长看到幼儿是怎样游戏的、教师是如何引导的，同时上面的思考与建议则在潜移默化中向家长传递了你的儿童观和教育观。

幼儿自我评价表

幼儿的自我评价，是随着主题活动或者区域活动的开展，有效地促进幼儿学习和发展的一种方式。你可以通过幼儿自我评价表发现他们的学习兴趣和问题，家长则可以通过幼儿自我评价表了解他们的学习过程。

家园联系栏

家园联系栏的内容包括一周工作计划安排表、家长宣教内容和活动通知。一周工作计划安排表包括本周班级工作重点，以及一周中每一日的教学内容及目标，方便家长清晰地了解幼儿这一周在园的学习、生活、运动等情况，以及自己需要配合的工作等。

此外，你还可以张贴一些有关幼儿成长和家教方面的文章，或者把各类活动的信息和通知张贴在家园联系栏，方便家长查看。

幼儿户外活动观察记录表

班级：中班　　教师姓名：金琛洁　　日期：2016年10月

观察（玩什么、怎么玩）	引导（语言、行为、材料）	思考与建议
芙蓉板一被拿出来，很多幼儿就兴奋地在上面打起滚来。洋洋从旁边捡了一些芙蓉板用来搭“车库”（昨天他搭了很长时间的车库）。跟昨天一样，他先把两块板竖起来，再用一块板封顶，结果他搭建的车库摇晃起来。“有没有更牢固的方法呢？”我问。 洋洋眼前一亮，说：“用三角形！”他把三块板竖起来围成一个三角，然后再封顶。搭好后，他用手轻轻推一推，发现车库基本不动。于是，他继续往上搭。其他小朋友也来了兴趣，和洋洋一起搭建了一座多层车库。 有小朋友过来一把把车库推翻了。洋洋生气地叫了起来，但他马上又低头重新搭了起来。	洋洋昨天尝试搭立体的房子，并说自己搭的是车库，吸引了很多小朋友参与，他们玩了很久。车库只有一层，加上不是很牢固，一不小心就被幼儿碰倒了。老师一直在边上观察，没有干预。 今天洋洋的兴趣依然很高，但方法没有变化，老师提示了一句，洋洋回忆起了之前在《美丽的杭州我的家》主题中习得的搭塔经验，想到了用更稳定的“围合”方法来搭建。 虽然房子被推翻后，洋洋有点不高兴，但这并没有影响他继续探索的兴趣。	幼儿是在原有经验的基础上进行游戏的。一开始，幼儿搭建的车库很容易倒塌，他的原有经验和现实需要产生了冲突。在老师的提醒下，他产生了新的想法，搭建水平又向前迈进一步。 在搭建的过程中，许多男孩对搭建车库也感兴趣，于是加入其中，这就是同伴之间的模仿学习。

主题《丝巾乐》活动幼儿自我评价表[1]

<table>
<tr><td>幼儿姓名</td><td></td><td>班级</td><td>小班</td><td>时间</td><td></td></tr>
<tr><td>主题目标</td><td colspan="5">1. 大胆探索丝巾的各种玩法，敢于克服困难，积极挑战。
2. 围绕丝巾运动会进行比赛、表演、装扮等综合性活动。
3. 乐于和丝巾互动，能在活动中积极关注他人，通过游戏增进同伴间的交流活动。</td></tr>
<tr><td>自评</td><td colspan="5">我的收获</td></tr>
<tr><td>我认识的丝巾图案</td><td colspan="5">（ ） （ ） 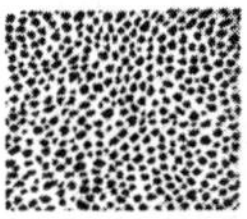（ ）
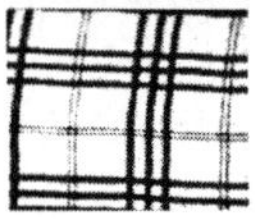（ ） （ ） （ ）</td></tr>
<tr><td>我最喜欢的丝巾玩法</td><td colspan="5">（注：☆☆☆：非常喜欢 ☆☆：一般 ☆：不太喜欢）
运动类
（ ） （ ） （ ） （ ） （ ）
（ ） （ ） （ ） （ ） （ ）
（ ） （ ） （ ）
扮演类
（ ） （ ） （ ）
游戏类
（ ） （ ） （ ）</td></tr>
</table>

[1] 王芳，朱瑶．故事在主题和评价中开始——幼儿园“五维式”主题活动评价研究［M］．杭州：浙江大学出版社，2011．

现场参与式——家长开放日

家长开放日，是指邀请家长走进班级，观察幼儿在园的生活学习情况，全面直观地了解幼儿园的教育教学活动、幼儿的在园表现及教师的保教工作。家长开放日，由于其具有现场、直观、生动等特点而深受家长欢迎。

家长开放日活动可以是全园的，也可以是班级的。幼儿园一般遇到大型活动时会举办全园家长开放日，而班级的家长开放日一般一学期一次，每次半天，主要向家长展示孩子在园的学习、游戏、生活情况。

确定好家长开放日的时间后，请先拟好邀请函发给家长，让家长做好思想上和时间上的准备，提高家长的参与度。

家长邀请函

×× 家长：

您好！

为了让您进一步了解您的孩子在幼儿园的学习和生活情况，客观地评价孩子在集体中的表现，家园共育，更好地促进孩子的全面发展，幼儿园向您发出邀请，请您在 × 月 × 日上午(星期 ×)来园观摩孩子的半日活动，届时还请您提出宝贵的意见和建议。

×× 幼儿园 ×× 班

×××× 年 × 月 × 日

活动当天，请将详细的活动安排和注意事项告知家长，让家长事先了解相关内容，有目的地进行观摩。活动结束后，可向家长发放调查表，从家长的反馈中了解他们对活动的评价以及对自己孩子的评价和期望，了解家长对班级工作的建议和意见，以便日后改进和提高。

家长开放日情况调查表

班级：＿＿＿＿＿　幼儿姓名：＿＿＿＿＿　家长姓名（父 / 母）：＿＿＿＿＿

幼儿园、教师的情况	对开放日活动中的教育内容、组织形式的看法和意见	
	对教姿教态、教学方法及生活照顾的看法和意见	
孩子的情况	客观地评价自己的孩子在集体中的表现，你有什么希望和看法	
其他建议或者意见：		

网络交流平台

由于互联网的迅速发展、智能手机的普及，网络沟通已经成为年轻家长和教师频繁使用的方式。网络沟通突破了时间和空间的限制，使工作繁忙或经常出差在外的家长也能及时了解孩子的信息。网络沟通手段具有上传视频、照片的功能，使沟通变得更加生动。网络沟通实现了教师和家长之间的多方互动，也使家长和家长之间能实现教育信息、资源的共享。

网络沟通主要有以下几种方式：

校讯通

校讯通是一种依托网络和手机的家园联系方式，具有信息量大、传播速度快等特点。校讯通具有群发功能，你可以从自己的计算机或手机上下载小程序，然后通过小程序发送短信，一次性通知所有的家长，也可以和个别家长进行短信交流。除此之外，你还可以在校讯通上建立班级相册及幼儿成长档案，定期或不定期上传相关资料，家长则可以通过评论、留言等进行互动交流。

聊天工具

QQ 或微信是目前运用得最普遍的免费聊天工具。根据互动交流的需要，你可以与家长进行一对一的沟通交流，也可以作为群主创建 QQ 群或微信群，将家长作为朋友邀请到班级群里，进行在线群聊。借助 QQ 和微信，你可以发送视频、照片等信息，方便家长浏览孩子在园的精彩瞬间。

电子邮件

电子邮件，是一种可以把文字、图像、声音等快速传递到世界上任何一个角落的手段，同样适合无法面对面又需要进行一对一交流的情况。

班级博客

博客，又称网络日志，是一种由个人管理、不定期张贴文章的网络平台。你可以使用班级博客传达班级动态，上传活动照片，发表教育心得，家长则可以浏览、下载和留言。

4. 如何组织亲子活动和家长会

亲子活动和家长会作为一种家园互动方式，因为它们的现场参与性而深受家长欢迎。

亲子活动

顾名思义，亲子活动是由家长和孩子一起参与的一系列活动。它有利于增进家长和孩子之间的情感交流，也有利于孩子的身心健康发展。亲子活动的内容多种多样，可以是大手牵小手走进公园、山庄、农场的亲子出游活动，可以是结合主题活动、节日活动开展的亲子活动，也可以是孩子和家长一起参与的亲子运动会。此外，亲子种植和养殖也是非常有意思的活动。亲子活动可以由教师组织，也可以由班级家委会组织。

亲子出游活动

亲子出游活动应该安排在春秋季天气晴好的日子里。出游的地点可近可远，远距离出游车程尽量控制在2小时内，因为幼儿长时间坐车容易疲劳。如果地点在附近，教师最好事先能和家委会成员一起对现场进行踩点，然后依据场地情况安排好活动内容。之后，就可以拟好活动通知发给家长，快乐出游喽！

小班亲子出游活动通知

牵起宝贝的手，牵起爸爸妈妈的手，牵起老师的手，让我们怀着一颗年轻的心，奔向阳光、雨露、天空、草地！

具体事项如下：

活动时间：2016年12月2日（周五）上午9:30—12:00。

活动地点：杭州宝石山。

出行方式：家长自驾前往，9:30在宝石山下黄龙洞大草坪集合。

活动内容：

（1）准备活动：宝贝一起做早操。

（2）亲子热身游戏：小脚踩大脚。

（3）登山活动，目的地：初阳台。

（4）亲子点心时间。

（5）亲子寻宝活动（寻宝任务为寻找一颗小石子、一颗果子、一片美丽的树叶、一个小动物）。

（6）颁发小奖品。

请为孩子准备：分享活动所需的点心、糖果若干；适宜活动穿的衣服、鞋子。

主题背景下的亲子活动

家长参与主题活动可提升活动的效果。比如，我园在《跳房子》主题活动开始时，邀请家长展示他们小时候玩的“跳房子”游戏；在《做饼干》主题活动中期，邀请家长来园和幼儿一起制作饼干，这些活动都有效地激发了幼儿参与主题活动的兴趣。另外，我们还在《去做客》主题活动结束时，组织了“去 ×× 家里做客”活动，让幼儿在实践中积累真实的经验。每一次活动前，发放活动通知都是必不可少的内容。

“去多多家里做客”活动通知

亲爱的家长和小朋友：

《去做客》的主题活动就快结束了，期间孩子们分享了通讯卡、家里的地图和照片，去了好朋友家里做客。这不仅使孩子们享受了做客的乐趣，还增进了孩子之间的情感交流。希望朋友间的做客活动可以一直延续下去，让孩子成为热情的小主人、礼貌的小客人，最终成为受大家欢迎的小朋友！

为了给孩子一次集体做客的经验，我们准备了亲子活动“去多多家做客”，活动得到了多多家长和家委会的大力支持，请家长自愿选择参加活动。

活动时间：2017年5月20日。

活动地点：××山庄多多家。

参加人员：××班全体小朋友及家长。

大致行程：

9:30	××山庄大门口集合。
9:30—10:30	全体小朋友在老师的带领下去多多家做客，家长们在草坪上喝茶、聊天，自由交流育儿经验。
10:30—12:00	白龙潭农家乐用餐。
12:00—13:00	亲子游戏（撕名牌、爱的抱抱、一起来奔跑）。
13:00—15:00	自选活动（玩水、野外拓展）。
15:00	自由安排回程。

携带物品：

(1) 食物：小零食、水和饮料等。

(2) 用品：帽子、遮阳伞等防晒用品；纸巾、湿巾；小朋友的备用衣服、拖鞋等。

(3) 玩具：水枪、地垫等。

注意事项：请大家尽量穿运动鞋、舒适柔软的衣裤，妈妈们不要穿高跟鞋哦。大人也穿得运动些，便于亲子游戏。可适当带些防蚊用品、创可贴。

分工安排：

(1) 联络人、通知、统计人数、费用结算——家委会成员。

(2) 集体活动摄影——宝爸。

(3) 做客活动组织——多多和多多妈妈。

(4) 亲子游戏活动主持——老师。

备注：关于本次活动的具体说明，请大家关注班级QQ群，家委会会贴出详细的通知。

节日亲子活动

中国有许多传统节日，如元宵节、端午节、中秋节、重阳节等，每一个节日都有各自的习俗和特色。幼儿园可以结合节日的传统特色开展亲子活动。

中　秋　乐

时间：2016年9月15日上午

地点：×× 班教室

活动内容：做月饼，庆中秋

参加人员：孩子、家长和老师

活动流程：

1. 教师讲故事《中秋节的传说》，了解中秋吃月饼的习俗。

2. 孩子们演唱歌曲：《八月十五月儿圆》。

3. 家长示范冰皮月饼的做法。

4. 亲子制作月饼。

5. 甜甜的月饼大家尝。

亲子运动会

亲子运动会是以“运动、健康、快乐”为宗旨的亲子活动，活动内容以趣味性运动项目为主，亲子参与、内容丰富、形式多样的运动会可充分调动幼儿参与体育活动的积极性。

小班亲子运动会流程

1. 主持人介绍开场词。

2. 运动员入场仪式。

3. 欣赏大班小朋友带来的旱冰表演。

4. 小朋友比赛项目《抱娃娃比赛》。

比赛规则：各班人数相等，排头小朋友抱着娃娃，绕着椅子跑一圈，将娃娃传给第二个小朋友，依此继续进行，直到最后一个小朋友跑完，将娃娃交给裁判员，最先跑完的为赢。

5. 亲子活动：《过布桥》。

比赛规则：各班家长分成二排，面对面站立，分别抓住布的两端，形成一座布桥，让班中的每一位幼儿从布桥的一端爬到另一端，以所有的幼儿先爬完为胜。

6. 教师表演：《健美操》。

7. 亲子活动：《套彩圈》。

比赛规则：孩子头戴高帽，手持彩圈，骑坐在家长的肩上。比赛开始，家长和孩子配合，既要将手中的彩圈往他人的高帽上套，又要灵活躲闪，避免被同伴的彩圈套住。

8. 颁奖。

9. 结束：《快乐蹦蹦蹦》。

亲子种植、养殖活动

亲子种植、养殖活动是一项持续2～3个月的长效活动，活动蕴含着很多学习契机。在家长的引导下，幼儿要耐心照料动植物，仔细观察它们的生长规律，学习用语言表达自己的发现；同时，幼儿还能知道动植物与人的关系，爱惜动植物，培养耐心和责任心。

活动开始前，你要给家长写一封信，让家长明白活动的目标、流程和方法。

亲子种植向日葵活动策划

亲爱的家长：

春天到了，大地到处生机勃勃。在这样美好的季节，怎样让孩子们感受到春季是耕耘播种的最好时机呢？我们策划了亲子种植向日葵活动，想借助种植活动，让孩子们感知植物的生长过程，亲身体验种植过程的艰辛，增进亲子间的互动，培养孩子的爱心和责任心，使孩子们的春天过得更有意义、更难忘。

活动目标：

(1) 通过种植向日葵，知道种植需要的环境和种植方法。

(2) 学习照料向日葵的方法，观察、记录向日葵生长的过程。

(3) 植物生长需要漫长的时间，学习耐心等待和用心呵护。

(4) 展示种植向日葵的活动成果，体验亲子共育的喜悦。

活动程序：

(1) 四月上旬发种子和观察记录册。

(2) 孩子带种子回家，和家长一起种植。

(3) 定期带种植作品和观察记录册来园交流。

(4) 六月底展示种植记录和成果，并鼓励孩子。

种植资料提供：

（1）品名：矮向日葵（略）。

（2）花品配料：花盆 + 种子 + 营养土 + 肥料。

（3）习性：略。

（4）栽培方法：略。

（5）播种步骤：略。

活动过程中，给幼儿发记录册，引导他们观察记录。待种植、养殖活动初见成效后，可以开展现场展示和记录册交流活动，增强活动的成效。

家长会

家长会是幼儿园或班级召开的全体幼儿家长会议，一般一学期召开1～2次，依据召开的时间不同可分为学期初家长会、学期中家长会和学期末家长会。全园家长会由园领导组织，班级家长会则由班主任组织。学期初班级家长会可以帮助家长了解班级的本学期教育教学情况及保教重点；学期中家长会主要交流幼儿的在园表现，探讨幼儿教养方面的经验与困惑；学期末家长会主要是对学期工作进行回顾总结。刚踏入工作岗位的你，面对第一次家长会，肯定会感到害怕、紧张，这很正常，但是事先做好充足的准备工作，拟好家长会计划，就一定能自信满满地面对家长。

中（七）班家长会方案

地点：中（七）班教室

时间：×× 年 × 月 × 日晚上6:30—8:00

参加人员：老师和全体家长

主持人：陈老师

目标：使家长了解班级进入中班后的基本情况、中班幼儿的年龄特点、本学期教育教学安排。

准备：

1. 家长签到台（笔和签到表）。

2. 将上学期孩子们一日活动中的照片做成幻灯片循环播放，方便先到达的家长观看。

过程：

1. 游戏进行时。

看照片猜活动：教师选取幻灯片中任意一张照片，请家长说出是什么活动，答对的予以小奖励（这一环节可提示家长关注孩子的在园活动，同时为家长会营造一种轻松愉快的气氛）。

2. 教师介绍。

（1）班级情况分析。

（2）中班孩子的年龄特点。

（3）本学期主题活动内容。

（4）班级特色活动。

（5）家长配合事项。

3. 互动交流。

对于家长提出的共性问题，教师可在集体前解答；对于个别孩子的问题，教师可个别交流。

上述案例呈现的是一种由教师主持的集中交流式家长会，是班级家长会的主要形式。开始的游戏环节营造了一种轻松愉快的气氛，同时提示家长关注孩子在幼儿园的活动。需要注意的是，教师在选取照片时要关注到每一个孩子，以免让家长觉得老师厚此薄彼。另外，在介绍主题活动和班级特色活动时，最好结合照片和视频进行，效果会更好。

家长会形式还有很多种，如沙龙式、讨论式、专家报告式等。

沙龙式家长会，是指志趣相投的家长组织的一种轻松的聚会。在召开这种家长会之前，你要先梳理家长群体中的家庭教育需求，确定沙龙的主题，然后邀请有共同需要的家长参加。你可以挖掘班级中的“智慧家长”，分享教育经验。

讨论式家长会，是指教师就1～2个班级中突出的问题与家长进行对话，利用集体智慧，解决教育中的困惑和难题。

专家报告式家长会，是指针对幼儿在幼儿园存在的某一个共性问题，邀请相关专家现场报告、答疑，提升家长的幼儿教育理念和水平。

第八章

做好团队中的自己

一个幼儿园就是一个共同奋斗的团队，作为一名新手老师，当你走出校园，加入这个新的团队时，一定会有一些忐忑和焦虑：我会碰到什么样的工作伙伴？我能处理好和同事之间的关系吗？园长和领导好相处吗？会有人帮助和指点我吗？我该怎样实现自己的价值，让同事和领导看到我的能力……

读书的时候你也许可以依靠自己的努力来取得优异的成绩，但工作后，你就是一个肩负工作责任的社会人了。要完成好教育幼儿的重任，只靠个人的单打独斗显然是不可能的。所以，你必须要让自己融入工作团队中，从团队中借力，向团队中的每一个人学习，做好团队中的自己。

1. 与搭班教师和保育员愉快合作

幼儿园的班集体是你工作的主要场所，一般一个班级会有两位老师和一位保育员。作为新教师，园长通常都会为你选择一名年长的、有经验的搭班老师，而保育员一般年纪也会比你大一些，你们可能趣味相投，比较合得来，但年龄和个性上的客观差异，有时候你的想法不一定能和其他两位老师完全吻合，有时候你们之间甚至会产生误解，出现交往障碍。但不管遇到怎样的班级合作成员，你都应该尽最大可能表现出友善的态度，以积极的心态面对他们，争取和他们愉快合作！

虚心学习，低调做事

班级里的老教师和保育员都比你有经验，这也是你可以从他们身上获取的最宝贵的财富。态度谦虚是每位新老师必须做到的，哪怕你的学历比他们高，新知识、新技术掌握得比他们多，但只有虚心向他们请教和学习，虚心接受他们的意见和建议，低调做事，才能帮助你顺利开展班级各项工作。

小张老师是一位优秀的毕业生，她踌躇满志地来到幼儿园，园长安排她到新小班工作，班里另外一位胡老师已经有20多年的教龄，且个性温和。开学后没几天，她就去跟园长诉苦："园长，为什么孩子们不听我的，他们对我组织的活动都不感兴趣？让他们自己玩，他们也不会玩。"园长问她："胡老师有没有帮助你？她带班的时候孩子们听话吗？"小张老师回答："胡老师总是让我先给孩子们建立常规，她只是带孩子们练习排队、走圆圈、念儿歌，我觉得不怎么好玩，但孩子们听她的。可现在提倡要让孩子们自主游戏、自主学习，我觉得胡老师的做法落伍了吧？”园长去找胡老师了解情况，胡老师为难地说：“园长，我也想帮助小张老师带好班，但每次我建议她怎么做的时候，她总是说‘我知道，我知道’，而且她觉得我的一些做法太老套，不是很认同……”

园长再次找到小张老师，问她：“胡老师是位个性温和、并不强势的老教师，当你一次次跟她说‘我知道，我知道’的时候，你觉得她会怎么想？”小张老师有点明白了：“哦，‘我知道，我知道’只是我的口头禅，但这样胡老师会觉得我并不想认真听她的建议，所以就不跟我多讲了，是吗？”园长点点头，说：“对啊，而且从你上次的表述里，我觉得你认为胡老师练习常规的一些方法太老套了，有点看不上是吧？但你想过吗，一群从来没有上过幼儿园的孩子，完全不知道集体生活的规则，不清楚自己身处的环境，没有建立安全感，你马上就希望他们能自主游戏，这现实吗？”园长的一番话点醒了小张老师。接下来，她每天都会主动把自己想好的活动安排详细地告诉胡老师：“胡老师，明天我想安排这些活动，你觉得我这样做可以吗？”看到胡老师的一些带班方法，她会尝试照着做，还会问：“胡老师，为什么排队走路的时候你总是走走停停？”“刚才下课孩子们去上厕所，你不是直接让他们一起去，而是念一首儿歌、摸几个孩子的头，让他们进厕所，这是为了避免厕所里太拥挤，孩子要消极等待，对吗？”

小张老师因为经常说“我知道，我知道”，无形中给搭班老师留下了不够谦虚的印象，造成了合作中的障碍。当她改变了自己的说话方式后，搭班老师发现她的态度变得谦虚了，也能感受到她对工作的满腔热情和爱思考的特点，那么作为老教师一定很乐意把自己积累的工作经验传授给她，让她的带班工作变得顺利起来。

学会和不同性格的老师交往

每个人都有自己的性格，性格并没有好坏之分，相同性格的人在一起会感觉很有共鸣，不同性格的人在一起可以取长补短。园长在考虑班级教师团队时，往往会把个性互补的老师搭配在一起，这样班级可以动静相宜，更均衡地开展工作。所以，如果你是一个热情外向的人，不要觉得内敛型的老师难以结交；如果你是一个内向的人，也要勇于和不同性格的老师交往，学习他们的长处。

和外向型的老师交往

初到幼儿园，你难免对同事们有一种陌生感和距离感，这时如果你遇到的搭班老师是一位外向型的人，那么对你来说会有很大的帮助。因为外向型的老师开朗热情，做事积极而有效率，也更愿意直截了当地指点你，会和你更快地成为朋友。他们通常也是幼儿园的骨干教师，承担着诸如活动策划、展示等工作，你可以主动利用各种机会与他们交往，进而获得更多的学习和展示机会，同时也能尽快被幼儿园的其他人员接纳。

和内敛型的老师交往

内敛型的老师可能不如外向型的老师有广泛的人际关系，他们往往更关注自己班级内的工作，但正是因为他们对自身工作的投入，你可以从他们身上学到更多如何开展教育教学的方法。与这样低调敬业的老师交往，你要让他们感受到你积极、踏实的工作作风。你要注意在他们面前保持谦虚、好学的姿态，用坦率、诚挚的态度赢得他们的认同。当他们觉得你是一个值得交往和指点的新人时，他们会毫无保留、尽心尽力地帮助你。

从内心尊重保育员

保育员是辅助老师照顾孩子的生活和保持班级环境卫生的重要成员。幼儿园的教育一直强调“保教结合”，所以作为新老师，你千万不能有“重教轻保”“教师为主，保育员为辅”的思想。保育员的年龄会比较大一些，学历肯定也比不上你，但他们吃苦耐劳，有着丰富的保育经验。如果你从内心尊重他们，他们就会心甘情愿地成为你工作中最及时和得力的助手。可是，如果你认为他们是低你一等的工作人员，言行上不尊重他们，就会伤害你们之间的关系。

午餐时间，小陈老师和班里的老教师以及保育员王阿姨一起分头管理孩子的进餐。一会儿，阳阳说肚子不舒服，上厕所去了。又过了一会儿，小陈老师管的那个组有个孩子不小心弄翻了菜汤，把桌子和小陈老师的衣服弄脏了。小陈老师叫了一声：“哎呀，王阿姨快来这里擦桌子！”然后，她就到厕所去处理自己被弄脏的衣服了。当她准备出来的时候，阳阳说：“陈老师，我大便解完了！”小陈老师应了一声，走出来对王阿姨说：“王阿姨，阳阳大便解好了，你去擦一下吧！”还在清理菜汤的王阿姨头也没回地说：“我这里还在忙，你不能擦一下啊！”小陈老师听出王阿姨不高兴了，不由地嘟囔了一句：“擦屁股不都是阿姨做的事吗？”王阿姨生气地说：“你这个新老师，太不尊重人了，幼儿园里哪个老师没给孩子擦过屁股？就你特殊，我等下倒要去问问园长，是不是擦屁股一定是我们阿姨做的事？”

有不少新老师会像小陈老师一样，认为幼儿园里擦桌子、扫地、给幼儿擦屁股这样的事，都是保育员负责的，跟自己没有多大关系。的确，大部分时候这些卫生清洁方面的工作，保育员都会主动去做，但这并不等于教师就可以袖手旁观。特别像上面这个场景，保育员正在外面忙，这时老师听到了孩子的求助却没有及时帮助孩子，反倒出来让保育员去做，说明在小陈老师的意识里，这些事情都是和自己无关的，同时也让保育员感到自己不被尊重。因此，作为新老师，你应该有意识地在卫生清洁工作方面为保育员搭把手，主动承担一些工作，这样保育员就会感到自己受到了尊重，进而“投桃报李”，主动地配合你的各项工作，让班级工作开展得更好。

避免受消极影响

大多数时候，你所在的班积极向上，能帮助你成长。但万一你遇到一个不给力的团队，比如，搭班老师消极保守，不愿意指点你甚至打压你，保育员搬弄是非，让你无所适从……首先，你要做的就是用自己的判断和常识去分辨是非；其次，你要争取获得外部的支持来帮助自己面对困难，避免受这些消极影响；最后，在万不得已的情况下，你可以和园领导沟通，提出自己的看法或者要求调换班级。

小华老师在上班一段时间后，发现一个现象：中午分饭菜的时候，保育员经常会留出一部分。她问过几次，保育员总是说：“今天菜有点多，孩子碗里放太多他们吃不了，等会儿我会给他们添的。”可实际上，小华老师很少看到保育员会把剩下的菜添给孩子，反而把这些菜偷偷装进自己的饭盒带回家了。小华老师和搭班的梁老师说了这件事，没想到梁老师轻描淡写地说：“你管那么多闲事干嘛，拿点幼儿园的饭菜回家有什么关系？反正孩子吃不完，倒掉了也是浪费！”小华老师困惑地说：“可是园长说过，孩子的饭菜是保健医生测算过营养成分后提供的，必须尽可能地让孩子们吃完。我觉得保育员这样做是不对的！”梁老师不耐烦地说：“那你的意思是我没管好阿姨？就你认真，那你去告诉园长啊。我跟你说，这个保育员可是老园长家里的亲戚，在幼儿园里工作十几年了……”小华老师犹豫了几天，还是把这件事告诉了一位她觉得可以信任的隔壁班老师，然后反映给了园长。园长核实情况后发现果真如小华老师说的那样，于是立即辞退了保育员，批评了梁老师不合适的做法，而且鼓励小华老师说：“这件事，你做得对，在幼儿园里，孩子的利益是最重要的，谁都不能侵犯孩子的利益。”

案例中，小华老师发挥了作为新教师的正能量，如果你也遇到了类似的情况，不要一味地压抑自己，更要避免同流合污，要及时告诉可以信任的人，或者跟幼儿园的领导反映情况。对于这样的做法，相信每位合格的园长都会给予支持和鼓励。而如果你真的不幸遇到风气不好、是非不分的幼儿园工作群体，那你就应该早点离开这样的幼儿园，这对你才是良策！

2. 与园领导相处的技巧

进入一所幼儿园，能够和园领导积极互动，可以使你的工作更加顺利，也能使你得到更多的帮助。幼儿园里的领导包括园长、副园长、教科研组长、后勤主任等，你该如何与他们相处，如何妥当地向他们展示你的工作热情和才能呢？不妨记住下面这几个技巧。

不卑不亢，自然交往

很多新老师在刚进入幼儿园时，总是对园领导存在惧怕心理，觉得他们是高高在上的领导，不敢主动打招呼，不敢进领导的办公室，甚至看到领导会绕道而行，开会时也喜欢坐在领导看不到的角落。其实，园领导和教师一样，也是这个工作团队的一员，只是他们身处的工作岗位不一样。对于他们而言，每天要面对很多人和事，要考虑很多问题，所以如果你总是刻意地回避，就会在无形中拉大距离感，造成他们对你的忽略或者对你能力的怀疑。正确的相处方式应该是“不卑不亢”，在保持应有的上下级礼仪的基础上，自然地和园领导交往，既不要躲着领导，也不要刻意逢迎，记住“只要你认真工作，领导一定会看得到”。

小丁老师个性比较腼腆，到幼儿园工作后，每次遇到园领导她都会感到紧张，时常点个头就过去了，不敢也不知道跟园领导聊些什么。一天早上，她进园的时候，看到园长带着当天的值日生聪聪正站在门口迎接大家。每个孩子进门时，园长都会笑眯眯地和孩子互相鞠躬问好。小丁老师走到门口，园长拉着值日生先对她鞠躬问好:“这是我们幼儿园新来的小丁老师，小丁老师早上好!”小丁老师惊喜地连忙鞠躬回礼:“园长妈妈早上好！聪聪早上好!”一声亲切的问候，让小丁老师瞬间觉得和园长拉近了距离，不由地感慨道:“园长妈妈，我们幼儿园这个鞠躬问好的习惯真好，我们的孩子都那么有礼貌，别人都说从这点就可以看出我们幼儿园是一所好幼儿园。”园长微笑着说:“你能感受到这点，说明你已经融入了我们的文化氛围！我观察到你虽然才来没几天，面对领导好像有点害羞，但你每天在班级门口迎接孩子的时候也会这样鞠躬问好，还会主动拥抱每一个孩子，我相信你会是一位好老师!”因为这一次园长对自己的肯定，小丁老师不再过分地害羞，她提醒自己要从大方地问好开始，不管遇到谁，都要笑着说声“早上好”或者“中午好”。她发现自己不再害怕面对领导了，从寒暄到有针对性地交谈，她也能在领导面前自然地表达了。

尊重领导，互相理解

幼儿园的领导工作繁忙，他们的个性有的干脆直接，有的相对细腻温婉，但作为管理者有一点是相同的，那就是他们希望自己提出的要求、布置的任务，老师都能积极地配合、有效地去执行。如果有人不给力，他们肯定会因此不满意。同时，他们一般在一线工作多年，有经验，有能力，看问题更是一针见血，评价一位老师的教育教学时也许会不留情面。

作为一名新教师，首先，你要理解领导工作的特殊性，对其给予充分的尊重，对领导已经决定了的事情要支持和配合，对领导布置的工作任务不打折扣、尽可能高效地完成。其次，对领导提出的意见和批评，你也要虚心地接受。领导说的话即使比较尖锐，但是初衷也是为了让你取得进步；有的时候，领导提出的问题是由于客观原因造成的。对此，你不要急于解释和推脱，可以在反思自我后再委婉地和领导沟通。此外，你要学着体谅领导在工作中一时的急躁和疏忽，要知道“人非圣贤，孰能无过”，领导在着急的时候也会犯错，如果这时你能理解领导，给予包容，事后领导一定会对你另眼相看。

把握机会，展示自我

新教师在团队中，往往会有一种消极等待的心态——“有重要的活动展示，肯定是老教师上，我最多做个助手；开会时园长请大家发表意见，肯定是比我有经验的老师先说，我听听就可以了”……如果你经常抱着这种“不点我，我就往后站”的心态，有能力也不主动展示，那么就会失去很多表现的机会，影响你的个人成长。谦虚是新教师应有的美德，但同时也应该“有才不怕外露”。

那怎样才能把握机会、展示自我呢？在领导宣布学期工作安排或者近期活动安排时，你要认真倾听，做好记录，记住有哪些重要的工作，遇到自己不清楚的事项要及时询问，明确自己要承担的各项任务，提前做好准备，尽力完成好。有的活动，领导一开始可能并没有考虑让你承担，但如果你觉得这件事和你的特长或者已有的经验吻合，那不妨主动请缨。

又到新年晚会策划工作会议召开的时间了，负责的老师在会议上介绍了各项任务，并让负责每个节目的老师说了一下自己的初步设想，然后大家一起来完善。一直负责家长节目排练的老师求助："妈妈们的节目排了几年，今年有点想不出新花样了。"小米老师想到自己曾经在大学毕业典礼时给男生们排练过骑马舞，就试着提出："家长节目可以让爸爸们参加吗？我觉得平时幼儿园的活动妈妈们来得更多，这次晚会如果有爸爸愿意参加，表演骑马舞，我可以来试着排练。"这个建议得到了大家的认可，在各班老师的鼓励下，爸爸们踊跃地参加了排练。新年晚会上，这个热闹又搞笑的节目嗨翻了全场，得到了大家的一致好评，小米老师也因此成为幼儿园排练节目的新生力量！

多提建议，少提意见

作为90后的你，思想活跃，观念可能更开放，更强调人际交往中的平等。同时，日益富裕的生活环境让你从小有机会接触各种新鲜事物，因此当你来到幼儿园工作后，可能很愿意表达，有着自己独立的想法。当你看到一些不满的事情时，也许会急于否定，想马上就能改变。

开会的时候，园长请老师们及时把下星期春游的通知发给家长。此外，月底快到了，每个班级发给家长的幼儿成长册也要按时完成和发放。一位新老师听后对园长说："我们幼儿园和家长交流的渠道怎么还那么老土？还在用这种纸质通知和成长册。现在大家都习惯用手机接收各种信息，很多幼儿园都有自己的微信公众号、网站，那多方便啊！"园长听后，看了她一眼没有回应，她又接着说："真的，园长，我们也出钱让机构帮我们做个网站和公众号吧，那才符合潮流。每次打印通知，既浪费纸又浪费我们的时间。"园长忍不住问她："你知道做这些是要花钱的吗？你怎么知道每个家长都喜欢用手机看信息，有的家长也喜欢你说的老土的方式，我看是你自己喜欢用手机，嫌打印材料浪费你的时间吧？"

案例中，这位新老师想让自己的幼儿园有新的家园沟通的渠道，这个出发点本身没有错，但错在她在不恰当的场合，用了不恰当的语言和园长交流，造成园长对她的反感。所以，在刚进幼儿园的时候，你最好不要急着当众对幼儿园已有的事物或者操作惯例评头论足，因为你还不清楚幼儿园为什么要这样做。另外，如果你没有切实可行的改进方法，就不要简单地光提意见没有行动。在上面案例中，如果你有这方面的能力，可以在私下建议："园长，我学过一点网站设计和公众号制作的方法，如果您觉得我们可以增加一种家园沟通的渠道，我试着先做一个简单的公众号，把我们的活动预告、活动实录、孩子的活动照片等发布出来，看看家长是否喜欢这种形式……"如果你用这种方式和园长沟通，相信园长一定会欢迎和支持你的新尝试，并发现你的才能。

3. 在教研活动中成长

教研活动是幼儿园重要的团队业务活动，参与教研活动也是新手教师快速提升自己教育教学能力的极好途径。那么，你如何才能在幼儿园的教研活动中尽快找到存在感，进而更好地汲取团队的智慧，得到有效的个人能力提升呢？下面的几点对你或许具有参考价值。

保持兴趣，从我出发

首先，你要有一种积极的态度来对待教研活动。如果你认为自己是一个“菜鸟”，把教研活动视为一项只要旁听、被动参与的任务，那么你很难从中得到学习和提高。要知道，幼儿园的教科研活动很多都是针对一线工作中具体的问题来开展的，并非纯理论的研究，对新老师的帮助很大，所以你应激发自己参与教研活动的兴趣。你可以把自己在教育教学中遇到的问题主动告诉负责教研的老师，也许你的困惑就会成为一次教研活动的话题；你也可以主动了解幼儿园核心的研究内容和以往研究的项目，从中找到一些问题的答案并与自己同样感兴趣的研究点相关联……

小如老师刚入职就收到幼儿园发给每位老师的“问题议案表”。她询问了搭班老师“问题议案表”的用处后得知，这是教研组用来收集一线老师的问题，从而确定学期教研活动内容的一种途径。于是，小如老师很认真地填写了两个问题议案，一是“新教师怎么和家长交流孩子的每日表现”，二是“如何更好地开展绘本教学”。在上交了这两个问题议案后，小如老师惊喜地发现，教研组长很快组织了一系列关于新教师如何做好家长工作的教研活动。大家在活动中的讨论、分享、情景模拟练习，帮助自己打开了这方面的思路，让自己学到了很多有效的方法。而园里的课题组长也单独找她聊了工作，告诉她幼儿园前期一直在做运用绘本开展亲社会教育的主题活动，欢迎她加入课题组，一起开展绘本主题教学的实践，这对于她来说真是一个极好的学习机会。

提前了解，明确内容

初来乍到的你，需要时间来适应和融入幼儿园的教研活动，所以你可以多向身边的老教师了解幼儿园开展教研活动的情况，比如，教研活动是否有固定的时间？一次活动时间大概多长？教研负责人会在什么时候预告教研内容？教研活动经常会采取的研讨形式和大致的流程是怎样的？老师需要准备哪些物品和资料？……最重要的是，你要尽可能提前了解教研活动，明确每一次教研活动的内容，其中包括：这次研讨是关于主题审议的，还是针对某个教学活动研讨的？是幼儿园研究课题的讨论，还是大型活动方案的讨论？是个案研讨，还是环境创设分享交流？只有明确了教研内容，你才能做好相关的准备，有的放矢地参与活动，否则你糊里糊涂地去参加会议，估计就只能做一个“看客”和“听众”了。

对话自身，做好准备

在了解了教研内容后，怎样有效地做好准备呢？对话自身是一种非常好的思维习惯。在知道了这次教研活动要研讨的问题后，你是不是也会产生一些想法和思考？所以，请你认真地问一问自己：

- 这个问题我遇到过吗？
- 我是怎么处理类似问题的？
- 针对这个问题，我还有什么困惑和困难？
- 我希望听到一些什么信息？
- 我也许可以承担一些什么样的任务？

……

如果你事先这样做了，那么在教研现场你就会有话可说，也更容易及时捕捉到有用的信息，更快地涌出新问题和新想法。

学会倾听，善于吸纳

教研活动开始后，作为新老师的你，不要急着表达自己的意见，而要学会倾听，因为在场的人都比你有经验，你要对“前辈们”表现出尊重。

你应该认真仔细地听取每一位老师的发言，听听他们对这个问题的理解、认识和处理的方法，并和自己会议前的想法、做法进行比较，看看他们说的哪些内容跟你想的差不多——这说明你思考和行动的方向也是正确的；你更要关注哪些内容和你想的不太一样，这样可以拓展你的思路，让你发现自己认识上存在的偏差。很可能某位老师的一句话就能为你解惑，让你“顿悟”。一个会倾听的人，能在团队中学到更多。

积极表达，不怕说错

在倾听的同时，你也要适时地提出自己的想法和观点，特别是如果会议主持人点名请你发表意见时，千万不要扭捏或者简单重复其他人的发言。这时，你可以结合刚才的研讨，根据自己事先准备的内容积极地进行表达，不要怕自己经验不足说错话，只要记住在提出观点的时候不要对他人的观点评头论足，那么即使你讲的有些幼稚或者词不达意，大家也会愿意和你交流、讨论。你的有准备的发言可以让同事、教研负责人，甚至园长看到你的思考和进步，这样你在教研活动中就开始具有存在感，而不是充当一个背景板了。

学会反思，主动实践

一次教研活动结束，你或多或少已经在活动中有所感悟、有所习得。俗话说，“师傅领进门，修行在个人”。统一安排的教研活动更多的是理念上的学习和碰撞，虽然也能给你提供一些处理工作、解决问题的方法，但要想真正落实到具体的日常工作中，提升你的教育教学能力，你必须做好教研活动后的整理和反思并主动去实践。相信作为一名新教师，在教研活动中你一定会详细地做好记录，而这些原始的记录就是你开展教研反思的素材。建议你在开展教研活动的当天晚上，把这些记录再认真看一遍，然后做一个整理。

- ➢首先，把教研话题产生的背景和你事先收集的资料补充进去，这可以帮助你明确这次研讨的方向和意义。
- ➢其次，把大家的发言进行梳理和整合，要把你认为非常有启发的论点、方法标注出来，这就是你接下来进行实践的参考。
- ➢再次，把你的发言和其他人对你发言的评价单独列出来，这既是你成长的印记，也可以成为你下次撰写教养笔记、论文的素材。
- ➢最后，写一段你对这次教研活动总体的感受，并列出你接下来会如何在工作中进行实践的计划。

有了这样的反思过程，你就能把团队研讨的价值最大化，因为你把大家的智慧内化了，也对自己以后怎么做有了明确的方向和切实可行的方法。

4. 做团队中有价值的一员

团队，是指团结在一起的队伍。一个优秀的团队，必然有着共同的信仰和价值观，有着共同的目标。作为团队中的一员，你必须对所在的幼儿园产生认同，自觉地遵守团队的各项制度，并通过自己的努力为幼儿园的发展做出贡献。你可以从以下几方面入手，让自己融入团队，并最大可能地实现自己在团队中的价值。

充分了解，成为主动融入的一员

每所幼儿园的发展都承载了一定的历史，蕴含了幼儿园一路走来所坚持和秉承的教育理念、文化核心，很多幼儿园还探索并建立了自己的特色课程。这些历史、理念和课程，体现了你所在的幼儿园团队共同的信仰和价值观，值得你去认真研读，从而充分了解本园发展的过程和以后的研究趋势。当你了解和认同了团队的核心价值后，你才能主动融入团队，让个人的发展和团队的发展紧密结合起来。

小筠老师来到一所有着60多年历史的优质幼儿园任教，她知道这所幼儿园一直提倡“爱与尊重”的核心办园理念，情感教育是该幼儿园最独特也最具影响力的特色课程，所以当她入职后，她主动翻阅了幼儿园的课程书籍和教师手册，向老教师请教怎样在一日活动中贯彻情感教育，了解幼儿园当前在开展的研究。因为这种积极主动的态度，虽然她弹、唱、跳、画的技能并不十分突出，个性也比较安静低调，但是她做到了：面对孩子总是面带微笑，语气温柔，孩子们很喜欢和她接触；和身边的同事相处有礼貌，懂得尊重他人；在带班时能关注孩子的情感需求；能尝试运用园本教育书籍中的一些方法有效地对孩子进行表扬和批评……园长和其他老师很快发现了她的这些优点，对她产生了良好的印象，觉得她是一位值得培养的新教师。

积极付出，成为有正能量的一员

一个团队中，在工作量的安排上，领导会尽量公平分配，但有的时候，因为某些客观原因总有人会在某个时段承担相对多的工作任务。作为刚毕业的新老师，相比有家庭、有孩子的老教师，你的空闲时间会多一些，精力也更旺盛一些。所以，希望你有不怕“吃亏”的精神，主动去做一些事情。不要怕付出体力协助保育员做清洁工作，照料孩子的吃喝拉撒；不要怕牺牲自己的休息时间去做教具、备课；不要担心自己能力不够而错失任何一个可以独立承担任务的机会；更不要斤斤计较工作的多少，刻板地按照规定的工作时间和分工来做事。

你不妨主动多做一些班级工作，在同事身体不适或者有急事要处理的时候及时搭把手，在幼儿园有需要的时候留下来加个班，在有突发状况的时候挺身承担一些任务，这些都会让你赢得同事的友谊和领导的认可。记住，“不要怕做，就怕没机会做，甚至不去做”。任何一次做事的机会都是锻炼和学习的机会。如果你用积极的心态把幼儿园的每一件事情当成自己应该做的事情愉快地去完成，那么你就会成为团队中充满正能量的一员，同时你也会很快独当一面，获得成长。

求同存异，成为善于合作的一员

个人单打独斗的时代已经远去，团队合作、资源整合的时代已经到来。事实上，纵观古今中外，凡是事业成功的人士都是善于合作的人。幼儿园里的每一项工作都离不开合作。一个班级要带好，需要班级老师和保育员合作；一次活动要完成好，更需要不同岗位教职工的合作。在合作的过程中，你要和更多的人打交道。幼儿园里的每个老师都有各自独特的才能，也必定有着不同的工作方式以及对事物的不同看法。作为新教师的你，如果在合作中遇到了和你想法不同、行事风格迥异的合作伙伴，要记住一个原则——“求同存异”，找到与他们一起和谐有效地工作的方法。

幼儿园的毕业典礼即将在周五举行，小蕾老师作为毕业典礼策划组中的新人，主要负责落实各班演出时节目灯光、音乐的对接工作。她早早地在工作群中通知了各班老师在周三中午之前，把自己班节目的灯光要求、音乐交给她，她再和演出场地的工作人员对接。可是直到周三下午，还有两个班没有及时给她，她着急又郁闷地去找这两个班的老师：“你们怎么还没把东西给我？我通知了今天中午之前啊！”施老师面带歉意地告诉她：“不好意思，我们节目的音乐还想进行一下专业的处理，所以最终版本还没出来，等明天吧！”另一位闫老师则说：“你急什么呀！演出要周五才开始呢，再说灯光要明天去了场地彩排，才知道可以提供哪些，我们现在给你有啥用？我们这几天排练节目忙得要命，你就知道催催催……”

小蕾老师觉得自己也是一心为了工作，却被人责怪，心里有点难过。但冷静之后，小蕾老师想到：毕业典礼很重要，每个班的老师肯定都希望自己班的节目能达到最好的效果，有的老师会对音乐制作精益求精，有的老师要亲自感受舞台灯光的实际效果后再来设计自己班的方案，这也是她们非常重视这件事情的表现。我只从自己工作需要的角度出发，提前两天让大家上交这些材料，的确不一定所有人都能做到。想明白了这些，小蕾老师再去和施老师、闫老师沟通：“之前是我太心急了，没关系，你们弄好了给我，我一定会在演出前对接好这件事。谢谢你们配合！”两位老师看她态度这么诚恳，都说：“好的，好的，你也是为了工作，我们会尽快确定方案，周四晚上一定交给你。”

发挥优势，成为不可或缺的一员

任何一个团队都不可能只需要一种类型的人才，各个领域、各种能力的人形成互补的优势越强，团队的竞争力也就越强。因此，如果你在幼儿园这个团队中能够具备其他人没有的优势和能力，那么你就可以成为团队中不可或缺的一员。所以，当你已经融入了团队，通过自己的努力学习能在团队胜任各项任务之后，你就可以想想自己有什么别人不具备的能力，然后利用这些优势和能力，为幼儿园、为大家做一些特殊的贡献。比如：

➢ 你特别开朗大方，和任何人都谈得来，具有极好的沟通能力，那么你可以要求去开展对外联络的工作。

➢ 你特别细心，能把各种资料分门别类地整理好，那么你可以要求协助幼儿园做档案整理的工作。

➢ 你擅长使用电脑，玩得转很多最新的软件，那么你可以主动为幼儿园制作图文并茂并能动态展示的宣传稿。

- 你喜欢摄影并能做图像处理，那么你可以主动负责幼儿园各种活动时的摄影工作并及时做出视觉效果特别好的相片。
- 你热爱音乐，会一些音频制作的技能，那么你可以积极为大家搜寻符合各种需求的背景音乐、表演音乐，甚至为有特殊需求的老师提供音乐剪辑处理。

……

总之，在一个团队里，如果你能让自己具备某方面的才能，而且愿意发挥这些才能，成为大家在做某件事情、完成某项任务时第一个想到的人，那么你就会成为团队中非常有价值的一员！

5. 管理好自己的情绪

在一个团队中要成为受欢迎的人，不但取决于你的个人能力和工作态度，还与你的情商有很大的关系，而情绪管理能力是一个人情商高低最主要的表现之一。同事是我们在工作时间彼此交往、接触最多的人。同事关系有相互依存的特点，彼此间需要尊敬、包容、礼让，因为任何工作都需要合作。如果情感不相容，气氛不和谐，那么合作就成了空话。但在实际工作中，你会遇到各种复杂的人和事，也难免会遇到误解、打击、批评和指责，这会引发你的各种情绪反应。如果你不加控制地直接表露自己的喜怒哀乐，既容易伤害自己、得罪别人，也会显得自己胸无城府、不够成熟。因此，你有必要学习情绪管理的方法，以健康的情绪、恰当的言行举止和善意的态度与同事交往，创造和谐的团队工作环境。

下面就是一些可以管理情绪的小贴士。

表里如一，真诚待人

同事关系不同于一般社交场合的人际关系，它更讲究实实在在的真诚相处，因为虚礼比不过长期共事而得到的深刻了解。表里如一、真挚诚恳，会得到同事的称赞；表里不一，则比一时失礼给人的印象还要差。就从微笑着面对每个人开始吧，不管你的个性是怎样的，不管你今天遇到了什么不顺心的事，尽量控制自己的脾气，把自己积极的一面展现出来。俗话说，“伸手不打笑脸人”，一般，人们都会对赠予自己笑容的人回报以同样的善意，而且你会发现，当你微笑着面对一切的时候，那些不顺心的事情就解决了，烦恼的事情也很快消散了！此外，还要记得在与同事相处时，如果你不喜欢别人怎样待自己，那么你自己也不要用这样的方式去对待别人。

同事皆友，主动融入

你在幼儿园的第一次亮相很重要。热情地和你遇到的每一位同事打招呼，见到和自己有密切工作关系的同事，更要主动表达自己愿意和大家一起努力做好工作的愿望，比如，你可以这样说：“× × 老师，你好，我是新来的 × × ×，很高兴来到了咱们班，希望大家多多帮助我，我有做得不好的地方，还请你们及时提醒我，谢谢！”你还可以简单地介绍一下自己的经历、长处、兴趣爱好，视情况聊聊自己的家庭等，这样做都可以拉近你与同事之间的关系。

要注意的是，有的新老师习惯和同一批来到幼儿园的同事一起聊天和活动，或者只和自己班级的教师、保育员密切交往，同进同出，而对其他同事态度冷淡。这样“亲疏有别”的情绪展露，会无形中把你自己局限在一个“小圈子”里，不利于你被整个团队认同。而且和某几位同事关系过分密切，情感上就容易过界，一旦有点摩擦反而难以控制情绪，难以取得心理平衡。因此，记住同事皆友，你心中可以对不同的人有不同的情感投入，但表露在外的，要尽可能做到一视同仁。

学会赞赏，良性互动

一个情商高的人，往往很会发现他人的优点，且不吝惜赞赏别人。进入幼儿园工作，你要多看到每一位同事的闪光点和他们身上值得你学习的地方，由衷地表达你的赞叹，切忌恃才傲物，过于心急地想让别人看到你的优势。

小慧老师从小喜欢美术，多年的幼师专业训练更让她在绘画、手工制作方面具备了很强的能力，园长招她进园时也说过欣赏她这一点，希望她上班后可以为幼儿园的环境创设带来新的创意。于是，在开学前的环境创设工作中，她很积极地出主意、出力，忙得不亦乐乎。在完成了幼儿园门厅的布置后，她回到自己班，发现搭班老师已经在主题墙上面装饰了几棵树。她看后皱着眉头说："这些树都是平面的，真不好看，我重新做几棵立体的吧！"她一边说，一边就把东西撕了下来，完全没注意到搭班老师的表情又尴尬又不满。虽然她很快重新做了立体的树，的确也比原来的好看，但搭班老师事后跟别人说："小慧老师自我感觉也太好了吧？既然她那么能干，那以后班里的环境布置都让她一个人做吧。我就不掺和了，免得被人家嫌弃……"

你看，小慧老师本来是想让班级环境更美观，但她没有控制好自己的情绪和语言，使搭班老师心里产生了隔阂，这会影响以后她们之间的合作。她应该控制自己的情绪，换成这样说："×老师，刚才我没在班里，你辛苦了。这几棵树颜色挺好看的，我觉得如果把它们再调整一下，做成立体的，效果会不会更好，我们一起试试看吧！"这样先肯定他人，再提出建议，最后邀请对方一起制作，搭班老师就会愉快地接受了。

发生分歧，保持冷静

同事之间相处，难免会出现意见分歧或发生误会，这时任何一个人的心情肯定都不怎么好，也最容易在这样的情况下发生口舌之争。那么，如何尽量避免和同事发生冲突呢？一旦发生分歧，怎样去解决问题呢？你不妨注意以下几点。

有话好好说

任何时候，面对任何事情，你都要努力做到“有话好好说”，也就是心平气和地说话。年轻老师控制情绪的能力相对差一些，往往做不到这一点。他们情绪激动时措辞激烈，语气生硬，说话没有商量的余地，这很容易损害同事关系。所以，你要记住“有理不在声高”，任何时候不要被一时冲动的情绪主宰，说出伤人的话语。

用商量的口气交换想法

同事之间有了不同的看法，你要以理智、得当的沟通形式提出自己的意见和建议。“你根本不懂……”“听我的……”这类否定别人的话容易引起对方的反感。可以这样说：“我是这样想的，你听听如何？”“这样做是否好一些……”这种口吻既是对对方的尊重，也容易被对方接受。

认真倾听别人的意见

有些人性格毛躁，又太相信自己，难以耐心地听取别人的意见。如果能做到耐心倾听别人的意见，从中发现合理的地方并给予赞扬或认同，这不仅能使对方产生积极的心理反应，也会增强同事间的友谊。

对不合作的同事冷处理

如果遇到一位不合作的同事，你要冷静，不要让自己因他人的过失而成为一个不合作的人。如果当时不能达成一致意见，那不妨把事情搁一搁，等大家都平静下来后，再认真考虑，或许就能找到解决问题的方法了。

不传闲话，避免流言

幼儿园里以女老师为主，有时会有一些闲言碎语，你也免不了身处其中。作为新老师，你如果听到别人说了中伤自己的话，不要马上火冒三丈，急着去找人对质，而要冷静下来核对事实。你会发现，很多时候往往是闲话传着传着就变样了，所以完全可以不予理睬。如果真有这样的事，想想当时的情景，是否只是别人无意中的玩笑，那也不妨大度地一笑置之。就算真的被人误解中伤了，你可以求助幼儿园里有威信的人帮忙解决，总之不要冲动地去以牙还牙、反唇相讥，使事态升级。还有一种情况是有人在你面前传其他人的闲话，对于这样的情况，作为新老师的你要避免被卷入是非。你可以“倾听，微笑，然后离开”，并不需要在其他人面前说“不要在我面前说闲话”或者表示出厌恶的态度，只要不发表任何评论即可，当然更不要继续去传这些闲话。

自我调适，不骄不躁

每个人的能力大小、特长优势、水平高低都是客观存在的。作为新老师，你必须对自己在团队中的位置有客观的自我判断。你可能因为一些方面能力较强，顺利地完成了某项任务，从而很快赢得了领导的赏识，这时你应该学会感恩，学会分享，而不能让自己过分自满，流露出“我很强”“没有我做不好的事”之类的情绪，更不能因此轻视周围的同伴——这会很快让你变成一个被孤立的人。反之，如果你因缺乏工作经验，有些事情可能一下子做不好，达不到领导想要的效果，这也是很正常的。当你遇到挫折，受到别人的批评时，要学会及时调适自我，坦诚地面对自己的不足，不要过于情绪低落，一蹶不振，丧失成长的信心。

小菲老师是一个好胜心很强的新老师，入职后她努力地和搭班老师合作，让自己较快地适应了工作。她们带的班级常常因为在幼儿园各项活动中表现出色而得到领导的多次表扬。正当她感觉一切都很好，要更上一层楼的时候，搭班的老师怀孕了，而且因为她怀孕期间状态不好，时不时请假，最后干脆回家休息保胎去了。一开始，小菲老师并没有太担心，因为她一直认为自己也可以独立带班，所以当园长安排其他老师来班里帮忙时，她对来帮忙的老师说："没关系，没关系，班里情况我熟悉，我来带吧。"于是，来帮忙的老师虽然人在教室，却没法插手班级的工作。一周过去，她发现原来的搭班老师一时半会儿无法回来带班，班级各项工作也不像她想的那么简单，于是情绪变得焦虑不安，在接待家长时好几次表示："我每天一个人带班，累死了，忙死了……"还去跟园长说："为什么不能安排一个固定的老师进我们班，我是一个新老师，这样我干不下去了……"

小菲老师过于好强，对自己的工作能力又过于自信，因此当意外情况发生后，她有意无意地拒绝了别人善意的帮助，最后给自己造成了困扰。这就提醒你，当你顺利时，不要过于乐观；当你遇到困难时，也不要过于悲观。案例中的小菲老师如果能及时调整心态，控制好情绪，学会和不同的老师合作，那么她就能克服困难，同时让自己得到更多的锻炼，获得成长。

6. 管理好自己的物品

身处工作环境中，管理好自己的物品，不只是生活小节的问题，也体现了你的个人习惯和个人修养。如果你能够注意这方面的行为，那么就可以提高自己的工作效率，营造干净整洁的工作环境，更有条理地开展工作，赢得身边人的好感。

保持工作环境的整洁

作为班级和幼儿园的一员，保持工作环境的整洁不只是清洁工、保育员的职责，也是你应尽的职责。幼儿园都会有一些与之相关的规定，比如，要求老师上下班时参与环境卫生的清洁和整理，也会在教室、办公室提供一些存放物品的橱柜，要求把不同的物品放在规定的地方等。你应该按要求主动做好清理工作，合理利用幼儿园的储存空间，不随意摆放物品，不乱扔垃圾，做到物归原处，不给他人添麻烦。

小美老师今天是早班，她提前5分钟到了教室，看到还没有孩子入园，就在教室里吃带来的早饭。吃完肉包和牛奶，她随手把塑料袋和牛奶盒放在了电脑旁的柜子上。她想到需要为今天的教学活动准备彩纸、胶水等，于是就到美工区开始张罗起来。她刚裁剪了一部分彩纸，有个孩子就来了，她连忙放下手上的东西，去迎接孩子。班里的保育员丁阿姨搞完室外卫生回来时，看到美工区的桌子上放着一堆杂乱的材料，而不远处的柜子上扔着食品袋、喝完的牛奶盒、用过的餐巾纸。丁阿姨皱着眉头把柜子上的垃圾收走，对小美老师说："小美老师，下次你吃过早饭，能不能把这些垃圾丢进垃圾桶？还有这些美工区的东西是你要用的吧，你记得整理好哦……"

事后丁阿姨和隔壁班的阿姨聊到这件事，很不满意地说："我们班新来的小美老师，真有点邋遢，乱扔东西，有时候擦过鼻涕的餐巾纸也扔在电脑旁边，我每次都要帮她收拾，真是烦死了！"隔壁班的阿姨同情地说："那你真辛苦！我们班的新老师还不错，没发生这种事情，而且她很会整理东西，有两次老师们加班搞环境布置，我跟她们说剪剪贴贴的废材料放在地上没事，我第二天会来收拾，但每次她都会清理好，我觉得我们这位老师以后肯定比你们班的有出息！”

看，两位新老师，因为在保持环境卫生方面的表现不一样，让身边的人对她们产生了迥然不同的印象和评价。可能就是生活细节上的丢分，让你无法在团队中树立良好的形象，甚至把你其他方面的得分也拉低了。有的老师觉得自己明明工作能力很强，怎么同事就不喜欢自己，不看好自己，也许就是因为这样的原因。

有序分类摆放物品

幼儿园里要使用的物品种类很多，有备课需要参考的各种教材、书籍，有开展教学活动需要用的各种教具，有每天要记录的各种本子、表格，有布置环境需要使用的各种工具等。如果你没有养成分类整理和有序摆放物品的习惯，很容易出现找不到想要的东西、丢失材料等问题，这不仅给你的工作带来不便，还会影响和你一起工作的人，造成别人对你的反感。

小宁老师是一个不太会整理物品的新老师，她很少能及时将用过的东西放回原处，别人交给她的东西，她也时常随手一放。于是，要上课了，她才发现准备好的教具少了一件；上午园长刚发下来让班里填写的表格，下午她就找不到了；存进电脑的照片想用的时候，总是要翻找好久。诸如此类的事情不断地发生，弄得她忙乱不堪，还被搭班老师批评：“为什么你总是这么乱，每次找东西都耽误很多时间，你知道吗？”

小宁老师决定要改变这样的状态。于是，她请教和观察其他老师是怎么摆放物品的，还看了一些关于整理、收纳物品的文章，努力学习和改变：把自己常用的教材、书籍按内容编号排列后放到文件架上，每次用过后及时放回原来的位置；用讲义夹、资料袋把各种记录表、文本材料分类存放；和搭班老师一起商量，在班级电脑里建立了不同名称的文件夹，把电脑桌面上杂乱的文件全部按类放进去；每次导出照片的时候，都会按时间或者内容新建文件夹，然后再拷贝……过了一段时间，她发现自己的工作效率大大地提高了，也让搭班老师变得喜欢和信任她："小宁，现在的你真好，我要找什么东西问你一声，马上就找到了！"

细心保管私人物品

虽然幼儿园是一个相对封闭的教育场所，人员结构没那么复杂，但毕竟每天也有不少人进进出出，你的私人物品（背包、钱包、手机、U盘、书籍等）还是要注意小心存放、细心保管，避免发生物品丢失、个人隐私泄露等不愉快的事情。请养成以下细心保管私人物品的习惯：

- 每天到幼儿园后，把背包放到固定的安全隐秘的地方；把钱包和身份证分开存放，最好要清楚自己钱包里大概放了多少钱。
- 手机不仅仅是通信工具，还是你拍摄照片、视频最方便好用的工具。此外，你可能还会经常用它来完成线上支付，做一些速记和信息的备忘等。可以说，如果手机遗失，会给你带来很大的麻烦，所以请随身携带它。如果带班过程中不方便携带手机，那最好把它放进带锁的抽屉里，千万不要随手乱放。
- U盘等移动存储器里存放着各种资料，在不同地方使用它们时，记得用完后及时退出。还要注意U盘等不是保险箱，重要的资料要提前备份，以免文件损坏和意外丢失。
- 对于个人购买的书籍，你应该大方地和同事分享，但当别人向你借阅时，也不妨做一些记录，以免时间长了，你可能想不起书被谁借走了，造成不必要的损失……

第九章

实现自我的专业成长

教育的快速发展，对教师的专业化提出了要求，使教师不仅是一种职业，还成为一种专业。这就意味着教师在职业生涯中，需要不断地实现专业发展和成长。教师专业成长的过程是一种动态发展的过程，是累积的、连续性的。本章，我们就和你共同探讨实现专业成长的有效途径。我们希望，你能根据自己的特点摸索出一条属于自己的专业成长之路，顺利度过专业成长和职业定向的“关键期”，获得自信和成功。

1. 做好自我专业成长规划

刚刚走上幼教岗位的你踌躇满志，蓄势待发。但是，如果没有很好的自我专业成长规划，这一时期你很容易感到茫然无措。因此，你必须了解自己的能力和需求，合理设定自我专业发展的目标，制订成长计划，让工作如同生活一般，成为一个不断变化、不断成长的过程。

明确自己的专业发展远景目标

你可以先思考几个问题：我是谁？我想干什么？我能干什么？我能获得什么？最终我能成为什么样的人？你还应了解自己所在幼儿园的整体发展目标，如办园目标、幼儿发展目标、教师发展目标等。每所幼儿园都具有本园独特鲜明的理念、文化和课程，所确立的教师发展目标是与之相匹配的，也会为此提供多种途径的专业成长机会。所以，你应该将自己的个人发展目标与园所的整体发展目标进行整合，使目标更有针对性，更为有效。比如，我园为教师制订的专业发展总目标是：

- 谨记幼儿园精神——爱与尊重，把爱与尊重体现在具体的教育教学行为中，并深入到精神层面，平等对待幼儿，尊重幼儿的天性。
- 理解幼儿园的园本课程理念，生动有趣地开展课程，并在课程中有效地促进幼儿的发展，丰富并优化自己的教育教学方法，增长教育智慧。
- 掌握教科研方法，增强教科研能力。在实践中发现问题，并能通过研究找出解决问题的有效方法；在教科研中增长才干，提升思维和实践能力。

有了幼儿园的教师专业发展总目标，你就可以规划个人的专业发展目标了。建议你从个人素质、专业知识、教学（教学改革、教学风格）、教育与班级管理、教学科研等方面制订自己的个人发展目标。

确定阶段性成长目标

教师专业成长的过程是一个动态发展的过程，不同的个体有不同的目标，不同的阶段也有不同的目标。比如，我园根据教师的工作年限制订了不同的阶段发展目标：

入门型教师（1—3年）

处于这个阶段的教师要逐步具备良好的职业道德，在具体的教育教学实践行动中能尊重幼儿，谦逊好学，爱岗敬业，学习并掌握教育教学常规，适应教育教学工作，积极参与教科研工作。

胜任型教师（4—6年）

处于这个阶段的教师要理解幼儿园“爱与尊重”的理念，理解幼儿园课程的特色内涵，把握课程的发展方向，在课程中有效地促进幼儿的发展，丰富教学方法，增长教学智慧，积极参加教科研工作，在研究中学习、思考。

成熟型教师（7—9年）

处于这个阶段的教师要善于反思，不断进步，有较强的科研意识与科研能力，对课程的实施有独到的见解，善于发现教育教学中存在的问题，针对问题进行研究，提出有效的解决方案，有教学智慧，并能指导年轻教师成长。

超越型教师（10年以上）

处于这个阶段的教师要理论功底深，实践能力强，科研水平高，工作成绩突出，逐步形成自己的教学风格，努力成为研究型教师，并在区内外有一定知名度，能有效指导青年教师成长。

这里根据教师类型所划分的工作年限只代表普遍的情况，可能有的新教师经过三年的工作实践尚不能进入“入门”阶段，而有的新教师却提早进入“胜任型”阶段，所以阶段目标也可以根据实际情况进行调整。如果你稍稍落后了也不要着急，给自己一个“等待”的机会。只要你努力，并且找准努力的方向，相信一定会达到自己制定的目标。当然，如果你冲在前面了，也不要扬扬得意过于乐观。专业成长的道路还很长，要一步一步把路走稳、走踏实。

制订一个学年专业发展计划

学年专业发展计划，就是把阶段性目标进行分解，落实到每一年的计划中。比如，每一个新学年，我园都要求老师根据自己现阶段的发展情况，制订一份切实可行的学年自我发展计划。我们会建议老师从外部环境分析、自身成长历程和素质分析、个人专业发展目标（阶段目标、学年目标）、措施和条件（行动方案）等几方面思考计划的内容。

以下是我园一位新老师在工作第二年为自己制订的学年专业发展计划：

自我分析	优势	1. 容易接受新的观念和教育理念，善于反思自己。 2. 性格开朗，乐于与不同的人交往，与同事相处融洽。 3. 通过一年的工作实践，在教育和保育工作方面有了很大提升。
	不足	1. 在教学活动中与幼儿的互动能力需不断提升。 2. 自己的专业理论知识不够丰富。 3. 对不同年龄段幼儿的学习与发展特点的了解不够深入。 4. 写作水平有待提高。

（续表）

自我发展目标	阶段目标： 1. 尽快习得“保育”和“教育”的经验，能独立、有效地组织一日活动，在实践中体现“爱与尊重”。 2. 能依据《指南》和本园教育理念、园本课程，制订各项活动计划，并及时在实施过程中进行反思、调整。 3. 进一步丰富自己的专业理论知识，提高解读幼儿行为的能力。 4. 学习更多与家长沟通的技巧。 学年目标： 1. 班级里的孩子进入大班，学习做好幼小衔接工作。 2. 争取参加全区的教师风采展示，提升自己的教学技能。 3. 准备参加在职研究生的考试，希望能以此来提高专业素质和学习能力。
达成目标采用的措施	1. 仔细研读《指南》，平时多观察解读幼儿的行为，认真撰写“幼儿个案跟踪记录”。 2. 参加全区的“教师案例写作”的16学时培训。 3. 多观摩园内外优秀教师的课，吸取他们的优点，弥补自身的不足，积极参与园内的教研活动，与其他教师多交流，进一步提高专业能力。 4. 认真阅读《幼儿教育》等专业期刊，吸收更多关于幼教领域的新理念。
需要领导和同事提供的帮助	1. 希望幼儿园能提供更多针对新教师的参观学习、专家讲座、座谈等机会。 2. 希望幼儿园能多组织教师参加风采展示、教师教学技能比赛等活动。

最后，再给你一点温馨提示：

➢ 找准自己的“最近发展区”，让设立的目标略高于自己的能力，使目标具有挑战性，但“跳一跳就能够得着”，通过一定的努力才能实现的目标更有价值。

➢ 理想写出来就变成目标，目标经过分解成为计划，计划落实之后就是行动！所以，你要把目标细化，进而制订行动计划，可从每月、每周的计划开始。

➢ 要根据实现目标过程中的实际情况不断调整个人计划，但修正的是计划而非目标，目标不可随意更改，否则会失去目标的严肃性。

2. 为自己找一位“师傅”

刚刚成为幼儿教师的你需要寻找一位工作上的导师，给予专业上的引领，帮助你更快成长。很多幼儿园都采用“师徒结对”的形式，为新教师的专业成长提供有效的帮助。这样做可以人人缩短新老师对岗位、教育教学常规、教学过程的熟悉和适应期，并在职业意识、责任感、事业心等方面受到老教师的积极影响。

你可以根据自己的发展需要，在全园范围内选择一位“师傅”，这位“师傅”可以是搭班老师，也可以是其他班经验丰富的老教师，在互相“对上眼”后签订结对协议，确定师徒关系。为了提高“师徒结对”的效果，幼儿园会要求“师徒俩”共同制订相应的计划表，明确指导的目标和内容。计划表通常以提升新教师的实际工作能力为核心目标，依据新教师个人能力和实际工作中存在的问题，给予针对性的具体指导。

“师徒结对”计划表一般以学年为周期制订。以下是我园的一对“师徒”制订的结对计划。

<table>
<tr><td>结对时间</td><td colspan="3">××××年×月</td></tr>
<tr><td>基本信息</td><td colspan="2">新教师的基本情况</td><td>指导教师的基本情况</td></tr>
<tr><td>姓名</td><td colspan="2">×××</td><td>×××</td></tr>
<tr><td>任教年级</td><td colspan="2">大班</td><td>大班</td></tr>
<tr><td>任教班级</td><td colspan="2">大（一）班</td><td>大（一）班</td></tr>
<tr><td>任教年限</td><td colspan="2">1 年</td><td>7 年</td></tr>
<tr><td>专业学历</td><td colspan="2">学前教育本科</td><td>学前教育专科</td></tr>
<tr><td>有何特长</td><td colspan="2">手工、美术</td><td>手工、美术</td></tr>
<tr><td colspan="2">指导项目</td><td colspan="2">指导目标</td></tr>
<tr><td rowspan="2">第一学期</td><td>一日活动组织和班级环境创设</td><td colspan="2">1. 认真研读一日活动的建议，尽快熟悉一日活动的各项内容。
2. 扎实做好一日活动的各项工作，科学合理地组织一日活动。
3. 班级环境创设符合大班幼儿的年龄特点，形式美观多样，与幼儿存在互动。</td></tr>
<tr><td>主题教学活动实施和家长工作</td><td colspan="2">1. 教学活动设计符合大班幼儿的年龄特点，形式多样，激发幼儿参与的积极性，实施过程中环节清晰，注重个别差异。
2. 能主动把幼儿在园情况如实告知家长，并提出适当的意见和建议，学习一些沟通的技巧。</td></tr>
<tr><td rowspan="2">第二学期</td><td>宝宝成长记录册、幼儿游戏观察记录的撰写</td><td colspan="2">1. 在日常活动中能仔细地观察每一个幼儿，并及时进行记录，空余时间可以分析和反思幼儿行为的原因并给予适当的建议，每月按时完成。
2. 在幼儿游戏时，做到细心观察，合理介入；尝试解读幼儿典型的游戏行为并及时记录和反思。</td></tr>
<tr><td>班级工作管理</td><td colspan="2">尽快熟悉和了解本班活动常规，并能与搭班老师的常规要求保持一致，主动承担班级管理工作。与搭班老师和保育员积极配合，不懂的地方虚心请教，要多看、多学、多做。</td></tr>
</table>

幼儿园一般会以“新＋老”的组合方式在一个班安排两位配班老师。为了便于学习和模仿，建议你选择本班配班老师作为自己的师傅。配班老师跟你接触的时间很多，她工作的时间比你长、实践经验丰富，在教学技能、带班能力、家园沟通等方面有很多值得你学习的地方。

> 小敏是一位刚踏上工作岗位的新老师。工作一个月后，小敏很疑惑：自己已经很认真地学着“师傅”李老师那样组织活动，怎么总是不顺利呢？在集体教学时，一个小朋友要解小便，接着连续有小朋友要上厕所；在拉圆圈做游戏时，小朋友要么把圆圈拉得太小，挤在中间，要么把圆圈拉得太大，无法集中做游戏……小敏是一个善于学习反思的新老师，她仔细观察了李老师组织的半日活动，并认真记录了李老师在每个环节中的语言、动作，然后与自己进行了对比，她发现：李老师常常是以表扬的方式来纠正幼儿的不良行为。比如，当有小朋友不认真听讲时，李老师就说：“××× 小朋友坐得真好，眼睛看着老师，老师向他竖个大拇指！”于是，那几个正调皮的小朋友马上停止吵闹，坐端正看着老师了。自己呢？虽然一再点名提醒“××× 小朋友坐端正”，但效果不大。在活动过渡环节，李老师一会儿带小朋友念《猴子荡秋千》的手指儿歌，一会儿带小朋友做《猜猜我是谁》的游戏，小朋友全程都兴致勃勃，注意力始终集中在老师的身上。自己呢？光顾着催没坐到座位上的小朋友动作快，结果等待的小朋友坐在椅子上无所事事，有的打闹，有的又溜到区角玩玩具……

你的师傅也许学历没你高，接受新事物没你快，理论水平也一般，但是在多年的实践工作中，她积累了很多教育教学的技巧、经验和诀窍，这些知识往往不能直接用语言表达和传递，而这些对作为新教师的你来说恰恰是最需要学习的宝贵经验。所以，你一定要仔细观摩老教师带班，看她怎么做、怎么说，然后通过模仿，有效提高自己的教育教学能力。

你可以从以下细节进行观察模仿：

➢ 活动开始与结束时师傅常用的指导语。

➢ 组织过渡环节时师傅常用的小游戏。

➢ 幼儿分散活动时师傅的站位、行动路线。

➢ 正面强化时师傅常用的表扬方式。

➢ 幼儿犯错时师傅常用的引导方式。

当然，你不仅要看到师傅怎么说、怎么做，还要思考她为什么这么说、这么做，从中发现蕴含的教育理念、教学策略，进而举一反三。只有在实践中将他人的经验转化为自己的能力，才能真正提升自己的专业素养。

还想告诉你的是，人无完人，我们不能保证每一位老教师在各方面都很优秀，可能你的"师傅"也存在不适宜的教育教学行为，所以你不需要盲目崇拜"师傅"，应该学会辩证地看待人和事，学会分析反思，从而真正学到优秀的教育教学经验。

3. 不断学习和反思

一名合格的幼儿教师不仅需要掌握学前教育的基础知识，了解学前教育发展的新动向，还需要有丰富的多学科知识，以及观察幼儿、组织管理班级、教育研究等的能力。作为新教师的你，是否一下子毫无头绪？别着急，你可以通过多种途径来提升自身的能力。

认真参加各类培训活动

当前，教师培训备受重视，你有机会参加的培训项目有很多，有的是省市区统一组织的有系统、有针对性的培训，如新入职的老师都要参加本区的新教师培训；有的是幼儿园根据本园教师的专业发展需求组织的培训。不管是什么性质的培训，一般都可分为专题讲座、经验交流、现场观摩等几种形式。

近年来，还出现了一种全新的幼儿教师培训方法——参与式培训，是指培训者创造条件，促使每一个教师能够主动地参与到群体活动中，通过与其他教师合作自主地进行学习，从而获得专业发展的一种培训方式。参与式培训，通常使用的方法有小组讨论、案例分析、观看录像、看课评课、角色扮演、相互访谈、辩论、小讲座以及其他根据培训需要而设计的游戏和练习。由于这种方式能够最大限度地调动教师的学习热情、已有经验和发展潜力，目前教师培训正在积极尝试、努力推广这种方式。

为了提高培训的有效性，提醒你注意以下几点：

珍惜学习机会

针对幼儿教师的培训有很多，但由于幼儿教师“一个萝卜一个坑”，所以幼儿园只能有计划地统筹安排教师参与培训，故轮到你的培训机会可能并不多，所以你一定要珍惜！还有，很多培训可能会安排在双休日、节假日，尽管你很忙、很累、很想休息，但也不能放弃学习的机会。

善于吸取营养

现在各类培训众多，很难保证每次培训都是高质量的或符合你的需求和期望，但每项培训肯定都具有某方面的亮点、价值，你要学习吸取其中有价值、有营养的信息。

及时进行消化

我们常常可以看到专家在上面讲，下面老师忙着记笔记，或者直接用手机拍下每张幻灯片的情况。老师们的态度是认真的，但往往培训结束后，学习也就结束了。有些很有价值的观点、经验只留在笔记本、手机上，缺少对培训内容进行整理消化的过程，大大降低了培训的有效性。

积极参与园本教研活动

园本教研是立足幼儿园的实际，以幼儿教师为研究主体，选择合适的研究方法解决教师在实践中的问题，进而促进幼儿的健康成长和教师的专业成长，提高幼儿园办园质量的一种研究方法。园本教研具有“在本园中、基于本园、为了本园”的特点，其目的是解决教师在教育教学活动中的实际问题。幼儿园都把它作为提升教师专业水平的有效途径之一。园本教研的开展方式多种多样，如案例展开式、问题展开式、任务展开式、主动展开式等。研讨的形式有个人发言、团体讨论、头脑风暴、专家点评等。

园本教研从问题中来，那么问题从哪里来呢？爱因斯坦曾说，“提出一个问题往往比解决一个问题更重要。”所以，教师应该善于在教育教学实践中看到问题、发现问题。比如，我园就通过建立收集问题的长效机制来培养教师的问题意识：

➢ 日常收集问题。每个年级组确定一位问题收集人，随时收集教师们在日常教育教学中遇到的问题。

➢ 固定时间收集问题。每学期结束，我们在全园范围内收集问题，每位教师递交一份问题议案。

以下是我园一位老师的问题议案：

问题议案人	×××	问题议案时间	××××年××月××日
问题议案标题	如何有效地设计开放性的问题		
问题陈述	我给孩子们讲了《白雪公主》的故事后，提了几个开放性的问题："白雪公主是怎样的人？""你喜欢她的什么方面？"结果幼儿思维发散，东拉西扯，说得非常离谱，导致我无法收拾局面。		
教师的困惑	在教学活动中，我已开始注意少提那些"好不好""对不对"之类的封闭性问题，所以设计了开放性的问题，但是幼儿无法围绕问题回答怎么办？什么样的开放性问题是有效的、有价值的？		
你有什么打算	在设计开放性问题前，是否要多做些问题的铺垫；还要针对目标来分析一下问题设计的有效性和可行性，也希望能够结合具体的视频案例，直观地了解哪些是有价值的开放性问题。		

收集的问题经过汇总后，由专门的负责人进行整理、分析、归类。我们需要了解哪方面的问题较多、哪些问题具有共性、哪些问题有研讨的价值，以便梳理出焦点问题作为园本教研的研究内容。

让教师成为园本教研的主人，把教师的问题作为园本教研的内容，是园本教研的真正内涵和价值体现。通过园本教研，教师学会研究自己的教学，不断地去反思自己的实践，在解决问题的过程中提高自己的专业素养。在园本教研的过程中，不能只重视形式，只重视研究成果，而应重视在教研过程中让教师建立起学习、思考的习惯，建构相互尊重的学习共同体以及形成良好的教研文化。

作为新教师的你也许还提不出问题，或者不敢大胆地提出问题，但你务必认真积极地参与幼儿园的园本培训，并在教研活动中逐渐提高以下几方面意识：

➢ 批判意识：要敢于质疑，敢于发表不同的意见，不是你好、我好、大家都好。

➢参与意识：有内在的需求，主动参与教研，并乐于在教研活动中承担各项任务。

➢互助意识：同事间积极互助，不断进行观点碰撞，互相学习，互相启发，互相批评。

➢问题意识：头脑中要有提出问题这根弦，能发现问题并积极思考，探索解决问题的方法。

及时进行教学反思

教学反思是一种自主的、他人无法替代的行为。没有反思的经验是狭隘的经验，最多只能形成肤浅的知识；只有经过反思，教师的经验才能上升到一定的高度，并对后续行为产生影响。“一个教师写一辈子教案不可能成为名师，如果一个教师写三年反思就有可能成为名师。”由此可见，进行自我反思是教师成长的关键。对于新教师来说，如果你不善于从经验中吸取知识，那么就有可能永远停留在一个新教师的水平上；相反，如果善于进行教学反思，你会及时发现问题，总结教学的得与失，并加以纠正和完善，在不断认识自己的优势和不足的过程中，不断改进自己的教学策略，提高自己的专业水平，形成自己的教学风格，加快自身的专业化成长。所以，你要逐渐养成不断反思的习惯，不断问为什么、怎么会这样、怎样解决，等等。

幼儿园都会要求教师写活动反思，你可以从以下几方面对自己组织的活动进行反思：

➢活动前的准备工作做好了吗？

➢幼儿参与活动的积极性如何？

➢活动中有哪些比较精彩的片段？

➢活动中我提的问题哪几个是有效的？

➢活动目标落实了吗？

➢ 有哪些地方需要调整？

你还可以通过撰写反思札记，帮助自己进行教育反思。反思札记的撰写比较随意，就是把教育教学过程中的一些感触、思考和困惑记录下来，以帮助自己重新审视和认识自己的教育教学行为。

最后再说一句，学习不能懈怠！知识和能力的充分提高，会让你更自信地面对幼儿和幼教事业。

4. 平衡好你的工作和生活

幼儿教师的工作是繁重而琐碎的。每天要面对二三十个个性、喜好不同的幼儿，一日活动组织丝毫不能马虎，各种声音此起彼伏，各类事情应接不暇，刚入职的你往往不习惯，一天下来便觉得心力交瘁、体力透支。另外，除了日常带班，你还要完成各类笔头工作，参加教研、培训等。很多幼儿教师自嘲："我们既是老师，又是妈妈，还要学当专家；我们既要会弹会唱会跳，又要会说会写会研……"于是，有的幼儿教师抱怨："幼儿园的工作太忙太辛苦了，而且幼儿园的任务也要占用很多的休息时间。所以，感觉自己的生活非常忙碌，一团糟！"

正由于此，幼儿教师的职业幸福感指数相对较低，很容易产生职业倦怠。曾有研究表明，55.9%的幼儿教师因为职业倦怠，常常因为一点小事对家人，包括孩子发火，影响家庭关系，而家庭生活中的不良情绪又会影响工作。所以，合理安排工作、生活，减少工作对正常生活的干扰，关系到教师职业幸福感的获得。对于新教师来说，经历着从学生到教师的角色转换，需要同时面对新的工作、新的生活，所以，平衡好工作、生活之间的关系显得尤其重要。

你可以尝试采取以下做法。

调整工作心态

只要做自己喜欢的事情，再苦再累也会感到幸福！如果你一大早起床的时候，头脑里已经设定好：上班是一件很痛苦的事情！那等待你的就只能是烦恼、无奈、痛苦。所以，首先你要真正爱上自己的工作！

重新审视一下你的职业认同感，即对自己所从事的幼儿教师职业，你是否从内心认定它有价值、有意义，并能从中找到乐趣。用一段励志的话来提高你的职业认同感："幼儿教师值得被尊敬的地方，不只是她们的劳累，也不只是她们对孩子们的付出，甚至默默担负着负面报道带来的误解，而是她们明明知道这份职业艰辛，还愿意全心全意地投入，把最美好、最温暖的一切呈现给孩子，就像老师们说得最多的一句话：'看到孩子们的笑脸，我就觉得一切都是值得的！'"

是啊，当幼儿教师是你自己的选择，既然选择了这份职业，你就应该接纳和面对它，包括它的艰辛。试着用"雕琢工作"的方式让自己爱上工作，找出自己喜欢和讨厌工作的部分。对于喜欢的部分，积极主动争取多做。每隔一段时间，就进行一次这样的思考。大部分工作都存在弹性空间，即使只是一些小改变，也能让自己更享受工作，从而用积极的心态去激发工作热情。

合理分配时间

世界著名教育家夸美纽斯在《大教学论》中提道："时间应精密分配，使每年、每月、每天和每小时都有它的特殊任务。"是的，我们只需学做一个会分配时间的人，就能使我们的人生变得丰富多彩。

你的工作和生活其实是互相关联、密不可分的，你无法保证八小时以外把自己与工作隔离起来，但你可以为自己设置一些规则，避免工作过多侵占自己的生活：

- 设置时间限制。比如，每天回家后用于工作的时间限定在两个小时内；一周内有三天回家后限制工作。
- 设置必做事项。比如，把运动、娱乐、购物、聚会、陪伴家人等按照一定周期列入你的必做事项计划中，并自我督促按期完成。
- 设置个人时间。比如，你可以设置一个与自己“约会”的时间，只做自己喜欢的、想做的事，如听音乐、看书、看电影或追肥皂剧，让自己的情绪彻底放松。

还有，有的事能在上班时间完成就不要带回家做。幼儿园都会为老师安排备课时间，你要尽量在规定的时间做完该做的事。

提高做事效率

你要做的事有很多，但时间、精力有限，所以提高做事效率是解决问题的根本途径。

先急后缓

有关专家把我们要做的事分成几类：重要又紧急的事、重要不紧急的事、不重要但紧急的事、不重要也不紧急的事。你可以建立一个工作列表，随时记下要做的事，然后根据事情的轻重缓急，排列日程安排表，确定这些事情按什么顺序去做、什么时间去做。你要清楚地知道哪些事情是马上要做的，哪些事情是可以暂缓的。有位教师反思自己做事效率不高的原因时说：“我用了很多零碎的时间做重要的事情，却用大块的空闲时间做零碎的事。”所以，不要让很多并不是最重要的事情占据你的大块时间，这样会导致重要的事情做得很凌乱，没有整体感和计划性，缺乏严密性。

化整为零

为了促进幼儿教师的专业发展，幼儿园会制定相应的制度，要求教师完成各类方案计划、总结反思等任务，并按时上交——有的是一月一交，有的是学期结束时交。你一定不能犯拖延症，养成“临时抱佛脚”的习惯，临近上交期限才加班加点完成一堆“作业”，这样不仅无法保证质量，而且会让你心力交瘁、情绪焦躁。你可以把要做的事情分散到一段时间去做，每天或每周做一部分，最后进行汇总整理。比如，我园每年放暑假前都要求老师们基于自己的教育教学实践撰写一篇论文，有的老师提早确定了自己的研究方向，平时有意识地积累素材，利用暑假很顺利就能完成一篇较高质量的论文。而有时你要“化零为整”，把可以在同一时间或同一场所要做的事统整到一起做，以节约时间，提高效率。当然，不断提升自己的专业水平，将会从根本上提高工作效率。

调节自己的情绪

面对工作的繁重艰辛，你难免会感到“压力山大”，有时在工作中碰了壁，更会让你情绪低落、心情烦躁；而生活中也不全是万事如意，常会出现一些不顺心的小插曲，你肯定也会为此郁闷烦恼。出现这些消极情绪是正常的，但要注意的是，你应及时为自己的不良情绪画上“休止符”，既不能把工作中的消极情绪带到家庭生活，也不能让家庭生活中的不良情绪影响你的工作。

试试做一些让你高兴和放松的事情，调节你的不良情绪：

- 出去走走，看看外面生机勃勃的世界，感受熙熙攘攘热闹的生命。
- 晒晒太阳，阳光不仅可以带来好心情，对身体也极有好处。
- 吃点自己最爱吃的东西，食物的治愈能力自古以来都是很强大的。
- 听听音乐，可以让你焦躁的心渐渐平静下来。
- 与朋友聊聊天，想说什么就说什么，聊着聊着，你可能突然发现正困扰你的事情，根本算不了什么大事。

其实，工作和生活是不可分割的，也并不是矛盾的。你所擅长的工作可以提高你的生活品质，你会唱、会跳、会弹、会画，能够为你的人际交往加分不少，也为你的业余生活增添了很多色彩；而在你享受生活的同时，既可以丰富知识，又可以应用于工作，使你的工作充满创意，充满乐趣。比如，看电视时多关注科学探索类的节目，既愉悦身心，又能获取多方面的知识，为班里的幼儿答疑解惑；参观车展时，可以收集感兴趣的资料，在班级中办个“汽车小展览”……

总之，当你长时间处于高度紧张的忙碌状态时，一定要记住提醒自己：把握生活和工作的节奏，做到张弛有度。从长期来看，只有使生活和工作实现平衡的人，才能把工作做得持久，才能取得真正的成功。

5. 面对比你优秀的她们

瑶瑶在校是名优秀生，不仅聪明好学，成绩突出，而且多才多艺，是老师夸赞、同学羡慕的对象。毕业后她如愿以偿，进入本市一所示范性幼儿园工作，这更让瑶瑶增添了自信。但工作半年后，瑶瑶有点失落。她发现自己幼儿园的老师们一个个都那么优秀，不仅教学实践经验丰富，专业素质过硬，而且连自己引以为豪的技能与她们相比也没有明显的优势。没有了以前在校时的辉煌，也不再是众人瞩目的对象后，瑶瑶真有点不适应……

瑶瑶的案例具有一定的代表性。新手老师刚进入一个全新的工作环境，带着自己的梦想，满怀工作热情，期望自己的才能被领导认可，希望自己的努力能获得回报！当发现身边有很多比自己优秀的前辈老师，而自己却没有获得原本期望的成绩时，难免会产生一些消极情绪。优秀是相对的，不是绝对的。学生时代的辉煌成绩只能代表你在某些时候、某些方面比较有优势，不表示你"什么都优秀""一直都优秀"，所谓"山外有山"，你的身边出现各种优秀的人是很正常的事。

幼儿教师是一个比较特殊的群体，工作性质和内容类似，比较容易体现出教师的不同能力水平。每个幼儿园都会有若干名"优秀教师"，他们表现出色，备受领导青睐，成长机会也相对更多。幼儿教师大都为年龄相近的女性，如果不调整自己的心态，就很容易产生嫉妒等不良的情绪，给自己、他人带来很多困扰。而作为新老师，在面对他人的成功时，你也许会产生自卑心理，动摇自信心。

如果你是瑶瑶，面对比你优秀的他们，你该怎么做呢？不妨试着这样想想——

她什么方面优秀

面对一个优秀的人，发自内心地表示欣赏和认同，是一个人良好修养的体现。所以用平和的心态看待优秀的她吧！不要因为她的优秀而感到自卑，也不要因为自己没有她优秀而感到失落。比尔·盖茨说："和那些优秀的人接触，你会受到良好的影响。"你应该感到庆幸："我身边有这么优秀的人，可以从她那里学到很多有用的东西！"抱着学习的心态去跟比自己聪明、比自己有能力、比自己优秀的人相处吧！

请你先仔细观察，了解一下自己身边优秀的同事，想想她到底优秀在哪里，分析后罗列出你觉得她优秀的方面，然后筛选出你觉得自己可以学习、借鉴的地方。你从别人身上看到的优点，也往往是你对自己不满意的地方。比如，皮肤黑的女孩总是羡慕别人皮肤白皙，胆小怯场的女孩总是佩服别人的勇敢大方。因此，分析别人优点的过程，也是自我剖析的过程，说明你能坦然面对自身的不足，并寻找努力的方向，这是多么可喜的事情！

优点是可以学习从而为己所用的，但并不是别人所有的优点都可以学习，都适合你学习，如别人的外貌、声音就是没法学习的，别人从四岁开始练得一手好琴也不适合你学习。所以，请你仔细考虑：她的这些优点适合我学习吗？找准自己努力的方向，给自己制定一个想要达到的目标。

她为什么这么优秀

你已经决定要向她学习什么了，很好！那应该怎么做呢？

一个人的优秀并不是与生俱来的，她的每一项成绩都凝聚了诸多的汗水和心血！她的一篇论文获奖了，那得经过反复琢磨修改才行！她能在全市幼教同行面前展示活动并获得好评，那是通过多次实践、多次调整才得到的结果！所以，你看到了她的优秀，还要知道她为什么这么优秀，只有这样你才能明确自己应该怎么做。

你可以选择当面请教，相信她不会拒绝你的虚心好学。通过交谈，你也许可以找到答案。原来她写的每一篇论文，都是建立在长时间的教学实践基础上的，要认真研读相关的专业书籍文章，还要经过反复的修改调整。

你也可以经常听听她的课、观摩她组织的半日活动、参加她主持的教研活动。你应该可以看到，她组织活动那么胸有成竹，必定是事先做了充分的准备；她和幼儿的互动那么自然有效，她肯定对班里的幼儿了如指掌。

多学习、多实践、多反思，做事有计划、有恒心、有自律……原来有这么多方法可以让自己变得优秀，好好努力吧！

我也不错啊

有时，你可以把目光转向自己，你会发现："我也不错啊！"

我们每个人都是世上独一无二的个体，你就是你自己，你无须按照他人的眼光和标准来评判甚至约束自己。你无须总是效仿他人，保持自我本色也很重要。学会欣赏自己、悦纳自己也是一种能力。

当你看到别人的优点时，也要看到自己的优点，你也一样有自己的闪光点。也许，你的某些方面也比别人优秀。瞧，虽然你可能胆小怯懦，但谦虚真诚；虽然你可能有点“马大哈”，但随和爽快；虽然你可能不善言辞，但有反思和创新精神……所以，请坚定你的自信心，接纳自己，也相信自己能被他人接纳和欣赏。与其整天盯着自己的缺点与不足并费劲地、刻意地去弥补，还不如把这些时间花在让自己变得更强大上更有效呢！

总之，面对身边比你优秀的人，你要保持平和之心，认可他们的优点，怀着学习的心态跟他们相处，但是也不需要把他们当作完美的偶像来崇拜，要知道他们也有缺点，你不必自卑，要保持自信。

还有，作为新教师的你，进入一个全新的工作团队，大家还不了解你，你的闪光点可能暂时没机会显现出来，你的优点还不能马上被大家接纳和欣赏，请不要着急，以谦逊的姿态，真诚地向身边优秀的同事学习，不断充实自己、完善自己，让自己变得更优秀。“是金子总会发光的”，在一个恰当的时候，请大胆地展示你的才能吧！

第十章

必备的卫生保健与安全知识

作为新手教师，当幼儿身体不舒服或突发一些意外的时候，你会有手足无措的感觉。本章主要介绍了如何在幼儿的日常生活中通过观察尽早发现一些疾病的苗头；如何应对幼儿的感冒、咳嗽、手足口病、腮腺炎、水痘等疾病；如何防止幼儿发生意外事故，以及一旦幼儿被烫伤、摔伤时，怎样在第一时间配合医生进行急救，等等。

1. 生病幼儿的发现和护理

活泼好动的幼儿总是让人疼爱，但是他们的身体还没有发育完善，抵抗力差，难免会生病。如何照顾好幼儿呢？幼儿生病时总会出现“蛛丝马迹”，只要注意就不难发现。

你可以从幼儿的情绪、食欲、睡眠、呼吸、大小便及一些日常行为习惯入手进行观察。

情绪

健康的幼儿往往精神饱满、两眼有神、不哭不闹，容易适应环境。当幼儿不舒服生病时，往往会有情绪异常的表现，如突然变得不爱玩、好哭闹、爱发脾气等。这时，你就要考虑幼儿是不是生病了。

食欲

健康的幼儿能按时进食，食量也比较稳定。当幼儿忽然拒绝进食、食量减退或食欲突增时，往往是患病的前兆。

当幼儿不思饮食或食量减少，同时伴有精神萎靡不振时，多为发烧的前兆；呕吐、按腹和拒绝饮食，则为腹泻的前兆；慢性肠炎、蛔虫病、缺锌、缺少维生素 A 或维生素 D 等，均可引起食欲缺乏；有些急性肝炎在早期多无症状，只是缺乏食欲或恶心、呕吐。

睡眠

幼儿进入睡眠状态时，各个器官处于休息的状态。但如果幼儿有说梦话、梦游、打鼾、磨牙、腿抽动等“小动作”，则是某些疾病的征兆。

比如，蛔虫病会导致幼儿在睡眠时间磨牙。营养摄入不均衡，不喜欢吃蔬菜会造成维生素和微量元素的缺乏，引起面部咀嚼肌的不自主收缩，也会使幼儿出现磨牙的现象。

打呼噜和流口水不是幼儿睡得香、身体棒的表现，往往是过度疲劳引起的。如果幼儿的鼾声忽高忽低，间歇数十秒到数分钟无声无息，就很有可能是呼吸睡眠暂停综合征的表现。当幼儿出现这类症状时，应该提醒家长及时带幼儿去医院的耳鼻喉科就诊。

呼吸道的某些部位发生病变或畸形，如呼吸道狭窄，也容易导致幼儿打鼾。如果你发现幼儿在睡觉时经常打鼾，就应该注意他是否患有呼吸道疾病，如扁桃体肥大、腺样体肥大、鼻窦炎、肥厚性鼻炎、过敏性鼻炎、口腔炎、咽炎等，要提醒家长注意或带幼儿去医院检查治疗。

呼吸

健康的幼儿呼吸平稳而有节奏。幼儿在安静睡眠时，呼吸不超过每分钟30次。如果幼儿出现呼吸时快时慢、深浅不一的现象，或者有异常声音，就应该注意幼儿是否患病。

如幼儿感冒咳嗽控制不好，那么很容易引起气管炎、肺炎。患肺炎的幼儿常常呼吸增快，伴有鼻翼扇动，口鼻周围青紫等症状；患气管炎的幼儿可在喉部听到咕噜的痰声；患哮喘的幼儿则会发出特别响亮的喘鸣声。

大小便

大便异常是幼儿生病的征兆，便秘和腹泻都预示着幼儿身体不适。95% 的便秘属于功能性原因，并非身体本身的异常，通常给幼儿多吃些蔬菜或高纤维食品就可以解决问题。同时鼓励幼儿多活动，养成每天定时排便的习惯。病理性腹泻可从大便的性质来分析腹泻原因，如小肠炎的粪便往往呈水样或蛋花汤样，而病毒性肠炎的粪便多为白色米汤样或淡黄色稀水样。

此外，幼儿的粪便会有黄、红、绿、白、黑等多种颜色。如果不是吃了大量的西瓜或西红柿等红色食品，红色便一般表明消化道出血，主要出现于直肠或肛门的某些疾病，但是小儿红色便最常见的原因是肠套叠。绿色便则多由消化不良引起。白色便多由肝炎或胆道疾病引起，且幼儿皮肤发黄。黑色便呈柏油样，是上消化道出血的症状。鲜血便见于肛裂、直肠息肉等下消化道出血。

正常幼儿的新鲜尿液为透明或淡黄色，根据尿量的不同，颜色有深有淡。如果幼儿的尿长时间呈现某种特殊颜色，那么常常是某些疾病的征兆。比如，红色尿多见于小儿肾炎、肾病综合征、泌尿系结石、泌尿系外伤等；蓝色尿多见于注射亚甲蓝或口服一些药物及蓝色尿综合征；浑浊尿多见于肾盂肾炎、膀胱炎、肾脓肿、尿道炎、丝虫病或严重的肾结核等；黑色尿多见于黑素瘤患者、黑酸尿综合征、恶性疟疾病等。

视物异常

眼睛是心灵的窗户。现在社会电子产品普及程度高，幼儿经常看容易导致视觉出现问题。你要对下列情况引起注意，一旦发现就要提醒家长，以便采取一定的措施及早检查、及早纠正。

- 幼儿眯着眼睛看东西。当眼睛近视后，眯着眼睛看东西可以看清楚；但当近视度数增高时，眯着眼睛也很难看清楚。
- 幼儿看远处物体容易紧皱眉头。
- 当幼儿全神贯注地看电视时有歪头的现象。有歪头看东西习惯的幼儿最易形成内斜视，即“对眼”。
- 幼儿看书、学习时缺乏耐心，常有厌烦情绪。
- 幼儿学习成绩下降，学习花费时间较多，成绩却不见提高。

➢ 幼儿看书时，眼睛距离书本太近，喜欢趴在桌子上看书，看电视时总喜欢靠近电视机。
➢ 幼儿常有头痛、疲乏、懒散的感觉，性情急躁，行动和思维能力突然减退，看到喜爱的东西也不像以前那样激动。

如果幼儿出现了饮食、睡眠、大小便、性情等方面的异常表现，那就可能是幼儿患病的信号，你要细心观察、及时发现，引起足够的重视。如果幼儿情绪异常、精神欠佳、呼吸急促、面色苍白、腹部疼痛、腹泻等，你要及时带幼儿到医务室，请保健医生测量体温或做必要的身体检查。如果幼儿发烧，要立即打电话联系家长带幼儿去医院诊治。在等候家长来园期间，你可以配合保健医生对幼儿采取一些物理降温措施，如鼓励幼儿多喝水、贴退热贴等，也不要给幼儿穿过多衣服，以免影响散热，引起高热惊厥抽搐。对于已经持续了一段时间、不是太紧急的症状，如打鼾、慢性腹痛、便秘等，你没有必要立即联系家长，可以在放学时告知家长，请家长重视，尽快带幼儿到医院专业科室检查，排除疾病或早做预防。

2. 幼儿常见疾病的处理

学前儿童处于生长发育期，对营养的需求很大，但这个阶段的儿童很容易出现厌食、偏食等问题——这些问题可以导致幼儿营养不良，而营养不良又会诱发幼儿出现很多疾病。

俗话说，习惯成自然。如果幼儿从小就开始培养良好的生活习惯，那么这个习惯会伴随幼儿的一生。良好的生活习惯，包括良好的卫生习惯、饮食习惯、大小便习惯、睡眠起居习惯及与个人生活有关的行为习惯等。

养成良好的生活习惯需要从小处开始，从细节入手。养成了良好的生活习惯，幼儿就会大大减少患病的概率。

- 充足的睡眠不仅有利于幼儿身体的发育，还可以减少他们肥胖的机会，提升幼儿的智力，提高幼儿的免疫力。
- 适当的运动量、合理的运动项目会明显提高幼儿的食欲，有助于幼儿身体的生长发育，提高幼儿的抗病能力，减少疾病的发生。
- 愉悦的心情不仅可以避免幼儿出现心理问题，还可以减少各种疾病的发生。因此，培养幼儿积极向上的情绪，对于他们的健康成长至关重要。

以上讲的是提高幼儿免疫力、预防疾病的一般原则和方法。下面我们来介绍一下幼儿在幼儿园期间常见疾病的处理方法，便于你更好地护理幼儿，有的放矢的地做好日常防护保健工作。

感冒

感冒，分为普通感冒和流行性感冒两种。普通感冒，又称上呼吸道感染，是由多种病毒引起的常见呼吸道疾病，也可以在后期合并细菌感染。这种感冒主要表现为打喷嚏、鼻塞、流鼻涕、咽干、咽痛、咳嗽、声音嘶哑等症状。全身表现有头痛、浑身酸痛、疲乏无力、缺乏食欲、不发热（或低热、畏寒、高热）等症状，病程为5～7天。多发于初冬，但是任何季节，如春天、夏天也可发生，不同季节的感冒致病病毒并不完全一样。流行性感冒，是由流感病毒引起的急性呼吸道传染病。病毒存在于病人的呼吸道，在病人咳嗽、打喷嚏时经飞沫传染给别人。

幼儿园要如何预防，减少孩子患感冒的机会呢？

尽可能减少与病毒、细菌的接触机会

a．开窗通风，保持空气新鲜。每天，你到幼儿园上班后的第一件事就是开窗通风，使活动室内的空气保持新鲜。在寒冷或炎热的季节，幼儿午睡室开启空调的情况下，也要注意定时换气。可在幼儿午睡期间开启一扇窗或门；也可在午睡中间，开窗、开门15分钟，让户外新鲜空气进入室内。但是，开门或开窗时要注意避免对流风直接吹到孩子身上。

b．做好预防性消毒工作，防止病菌的滋生传播。每天用紫外线灯在室内消毒45～60分钟（一般幼儿园会在幼儿离园后开启，由专人负责开关）。每天早晨上班后，你或者保育员用消毒水擦拭幼儿容易接触到的地方，如桌椅、茶杯箱、活动柜、门把手、开关、水龙头等，用消毒水拖地。每日清洗、曝晒幼儿的擦手毛巾；每周用消毒水浸泡或擦拭幼儿区角的玩具；每两周清洗一次幼儿的被褥等。

c．如果发现幼儿感冒，不要让感冒的幼儿继续入托入园。感冒初期精神状态不佳或流鼻涕、咳嗽症状明显的幼儿，最好留在家里多休息多喝水。如果幼儿发烧，要及时请家长带幼儿去医院检查，并在家隔离。要等幼儿烧退后在家观察24小时，若体温无反复，才可以回园复课。如发现班里有较多的幼儿感冒，要在幼儿园保健医生的指导下，对幼儿的活动场所进行必要的强化消毒。

d．培养幼儿养成良好的卫生习惯。比如，幼儿早晨到幼儿园要先洗手；外出玩耍回来后要先洗手；饭前、吃东西前要先洗手；大小便后要洗手等。因一些公共设施上病菌较多，抵抗力较差的幼儿用手接触后容易传染，所以要引导他们养成良好的洗手习惯。

平时注意提高幼儿的免疫力

a．合理喂养，引导幼儿愉快进餐。你可以在幼儿进餐时播放背景音乐，音量应比说话声稍小些。让幼儿自主选择食量及就餐同伴，个别幼儿可以采取少盛勤添、鼓励表扬的办法，让幼儿有成就感。不要强迫幼儿进食，以免引起幼儿情绪烦躁，降低幼儿的食欲，使消化液分泌减少，影响幼儿的消化吸收。

b．加强体育锻炼，多做户外运动，多晒太阳，提高幼儿的耐寒能力。常坚持户外活动的幼儿患感冒的机会低于户外活动少的幼儿。你要根据季节的不同，提前做好幼儿活动前后的护理工作。比如，活动前在幼儿的后背垫上吸汗巾，运动后及时用吸汗巾擦干幼儿后背的汗，防止内衣潮湿，着凉引起感冒。在寒冷的冬季可以让幼儿先做一些热身运动，在他们身体有些微微发热后再引导他们脱去外套活动，活动结束后要及时提醒幼儿穿上外套，避免幼儿排队回教室的路上着凉感冒。在春秋季气温不是太低的情况下，可以先引导幼儿脱去外套运动，在运动结束后回到教室再穿外套。体弱儿要注意控制运动量，防止因疲劳诱发感冒、哮喘等疾病。肥胖儿要适度增加运动量，循序渐进地鼓励他们多运动。

c．充足的睡眠不但可以帮助幼儿长高，缓解疲劳，还可以增强体质，提高免疫力，减少疾病。你可以在午饭后带幼儿去散步，组织幼儿看书，但是不要做剧烈的活动。引导幼儿在规定时间进入午睡室，按时脱衣上床。午睡室要提前通风，拉上窗帘，灯光柔和，温度、湿度适宜。你可以播放故事或轻柔舒缓的音乐，给幼儿营造一个安静、温馨、安全的睡眠环境。

咳嗽

咳嗽是幼儿常见的呼吸道疾病症状之一。幼儿的支气管黏膜娇嫩，抵抗病毒感染的能力差，很容易发生炎症，引发咳嗽。咳嗽是一种自我保护现象，同时也预示着幼儿身体的某个部位出了问题，提醒你和家长要注意幼儿的身体。咳嗽一般是由疾病引发的。感冒、呼吸道感染、肺炎、咽喉炎等疾病都会有咳嗽的症状。不同病症引起的咳嗽需要进行不一样的护理和治疗。

普通感冒引发的咳嗽

特点：多为一声声的刺激性咳嗽，好似咽喉瘙痒，无痰，白天和晚上都可能发生，没有气喘、呼吸急促等现象。

原因：温差变化大时多见，一般幼儿都有受凉的经历，如晚上睡觉蹬被子、穿衣过少、洗澡受凉等。

护理建议：一般不需要特殊治疗。可多让幼儿喝一些温开水或姜汁水，尽量少用感冒药。如幼儿情绪烦躁、有发热症状等，建议家长接回家，用少量儿童退热药物，不宜喂止咳糖浆、止咳水等止咳药物，更不要滥用抗生素。

流行性感冒引发的咳嗽

特点：喉部发出略显嘶哑的咳嗽，有逐渐加重的趋势，痰由少至多。

原因：多由病毒感染引起，多发生于冬春流感流行的季节，常有群发现象。

护理建议：建议家长立即带幼儿就医，在医生的指导下接受治疗。

冷空气刺激造成的咳嗽

特点：干咳。

原因：多发于户外活动少的幼儿。当突然吸入冷空气后，娇嫩的呼吸道黏膜就会出现充血、水肿、渗出等类似炎症的反应，进而诱发咳嗽。最初没有微生物感染，但持续时间长了，可能继发病毒、细菌感染。

护理建议：循序渐进，让幼儿接受气温变化的锻炼；经常带幼儿到户外活动，即使在寒冷季节也要坚持。只有经过锻炼的呼吸道，才能承受冷空气的刺激。

咽喉炎引发的咳嗽

特点：声音嘶哑，咽喉疼痛，有浓痰，咳出的痰少。

原因：多为炎症分泌物刺激引起。

护理建议：请家长及时带幼儿就医，明确诊断后对症治疗。

过敏性咳嗽

特点：持续或反复发作性的剧烈咳嗽。活动或哭闹时加重，夜间咳嗽比白天厉害。

原因：由抗原性或非抗原性刺激引起，以花粉为多。

护理建议：往往发生在有哮喘家族史或容易过敏的幼儿身上。幼儿一旦咳嗽就要及早就医治疗，防止发展成哮喘。

气管炎引发的咳嗽

特点：早期为轻度干咳，后转为湿性咳嗽，喉咙里有痰声或咳出黄色浓痰。

原因：多见于年龄稍大的幼儿，主要由呼吸道感染引起。

护理建议：初起感冒症状明显时可用感冒药、祛痰剂，不可用止咳药。痰多或呈黄色脓性时，表示继发了细菌感染，应带领幼儿去医院，根据医生的意见选择抗生素。如不能有效控制，有可能会发展为肺炎。

支气管炎引发的咳嗽

特点：刺激性干咳，可以咳出较多痰液。

原因：病毒侵犯细支气管的黏膜引起炎症，以低龄幼儿多见。

护理建议：如果幼儿出现呼吸困难或无法进食、喝水等症状，应及时送幼儿就医。如果症状轻微，未出现呼吸困难等症状，可以给幼儿喝足够多的水，拍背协助幼儿咳出痰液。

幼儿咳嗽时，还有很多需要注意的事情，主要有：

- 注意营养，均衡膳食。除补充蛋白质外，要多吃蔬菜水果，保护呼吸道黏膜免受病毒、细菌的侵害。
- 寒从脚底起。幼儿的脚受凉后，上呼吸道黏膜上的微血管就会立即收缩，潜伏在鼻咽部的细菌和病毒就会迅速繁殖，引起感冒、咳嗽等症状。
- 加强体育锻炼。室外体育运动可以促进幼儿肺功能的发育，增加幼儿的肺活量，增强幼儿的呼吸道防御功能。要多带幼儿到户外呼吸新鲜空气，多运动。

➢尽量少去公共场所。冬季是呼吸道传染病的高发季节，尽量少带幼儿去公共场所。教师感冒了要戴口罩，防止传染给幼儿，并勤洗双手，防止通过接触等方式传染给幼儿。

➢创设良好的生活环境。定时开窗换气，保持室内空气新鲜。气候干燥时，可使用空气加湿器。

手足口病

手足口病是一种由数种肠道病毒引起的传染病，主要侵犯5岁以下的幼儿，没有免疫性，幼儿患过一次后还有可能再患。

通常早期表现为咳嗽、流鼻涕、哭闹，多数不发烧或有低烧等情况，发病1～3天后，在口腔内侧、舌、软腭、硬腭、颊部和手足心、手肘、膝部、臀部等部位出现小米粒或绿豆大小的灰白色小疱疹或红色丘疹，不痒、不痛、不结痂、不结疤。口腔内的疱疹破溃后即出现溃疡，导致幼儿常常流口水，不能进食。重症患儿可伴有发烧、流涕、咳嗽等症状。如果疱疹破溃，极容易传染。

你一旦发现幼儿有这些可疑症状，应立即带他到医务室，请幼儿园医生来检查确诊，或通知家长带幼儿去医院检查。如确诊是手足口病，则该患儿应在家中进行隔离治疗；症状严重者要在医院住院治疗，避免交叉感染。

班级中如发现有患手足口病的幼儿，除了做好班级通风消毒等工作外，还要对班级进行隔离检疫。从最后一个发病的幼儿算起，在3周内防止本班幼儿到其他班活动或参加大型室内聚集活动。此外，注意做好手足口病的宣教工作，防止恐慌。教育幼儿饭前、便后、外出回来后要洗手，注意卫生，不喝生水，不吃生冷食物，不到人多空气流通差的公共场所活动。幼儿患病期间，你要经常和家长及幼儿保持联系，问候并关心幼儿的病情进展情况，同时告知家长，幼儿病愈后要去幼儿园所在的辖区社区卫生院防保科开“返园证明”，交给幼儿园医务室后才可以回班级复课。

流行性腮腺炎

流行性腮腺炎，俗称“痄腮”，是口腔中的腮腺受到腮腺炎病毒侵犯而引起的急性呼吸道传染病，主要于冬、春两季发病，传染性很强。腮腺炎病毒可通过唾液飞沫和直接接触传染，任何年龄皆可患病。通常幼儿患病一次后，可获终生免疫力。

被腮腺炎病毒感染后，一般有2～3周的潜伏期，大多数幼儿会出现腮腺肿胀和疼痛现象。肿大的腮腺以耳垂为中心，逐渐向周围扩大，边沿不清，皮肤表面也不红肿，摸上去有些发热，并且能感觉到弹性。

发现有幼儿得了腮腺炎，要马上告知家长带幼儿回家隔离，直至腮腺肿胀完全消退为止，整个病程大约持续10～14天。

班级中如有幼儿患了腮腺炎，除了加强室内通风消毒、做好腮腺炎病的宣教工作、进行班级检疫外，还可以建议家长去疾控部门接种腮腺炎疫苗，接种疫苗是目前最有效的预防方法。告知家长给幼儿提供流质或者半流质食物，勤漱口，保持口腔清洁。

水痘

水痘是由水痘—带状疱疹病毒感染引起的急性传染病，主要通过空气飞沫经呼吸道或直接接触疱疹的疱浆而传染。一年四季均可发病，但冬春季为高发季节。

水痘患儿开始时有低热或中度发热情况，伴有流涕、咳嗽及不适感。皮疹常在起病当日或次日出现，初起为细小红色斑丘疹，主要在躯干及头部，四肢较少；数小时内迅速演变成椭圆形、3～5厘米大小、水滴状清亮水泡，周围红晕，有痒感，24小时内变浑浊，1～3天后变干结痂。水痘皮疹的特点为丘疹、新鲜和陈旧的水疱疹以及干痂在皮肤的同一部位并存。

发现有幼儿得了水痘，要马上请家长带他回家进行隔离，直至患儿皮疹全部结痂为止。水痘为自限性疾病，整个病程大约10天。

如果班级中有幼儿患了水痘，2周内要每天检查班级中其他幼儿身上有无皮疹。除了加强室内通风及物品的消毒、做好水痘的宣教工作、进行班级检疫外，还可以建议家长去疾控部门接种水痘疫苗，告知家长和幼儿保持皮肤和手指的清洁，勤剪指甲，避免抓破疱疹引起皮肤继发感染。

3. 幼儿安全事故的预防

“生命与健康”是一个人获得生存与发展的第一条件。3—6岁幼儿与外界接触广泛，求知欲旺盛，好奇心强，又具有执拗性特点，坚持己见，不听劝告，也不能辨别哪些情况对身心有害，自我保护意识极差。在日常照料幼儿的过程中稍有疏忽，就可能导致意外事故的发生。

对幼儿实施日常安全教育及防护是每个幼儿教师的重要责任，也是你需要重点掌握的内容。下面列出的是幼儿在幼儿园期间最容易发生的事故：

- 幼儿在争抢打闹、玩耍过程中出现的抓伤、扭伤和骨折。
- 幼儿在游戏过程中，提拉或用力牵引引起的脱臼现象。
- 幼儿间相互拉扯物件时出现的勒伤。
- 各种尖锐的玩具材料、墙角及物品尖端引起的戳伤、擦伤或划伤。
- 幼儿自行离园或外出活动时因走散而导致的走失。
- 幼儿自身特殊的体质或食品变质引起的突发性中毒事故。

➢陌生人擅自将幼儿接走而导致幼儿丢失。

➢热开水或菜汤引起的烫伤。

➢幼儿吞食小物件引起的食管阻塞。

那么，你要如何预防呢？

消除事故苗子

很多时候，往往是一些不起眼的小物件对幼儿造成了一定的伤害。请注意以下方面，避免意外事故的发生。

(1) 每天上班早到15分钟，便于留出足够的时间做好检查与准备工作。

➢进入教室后，检查地面是否湿滑。如果地面潮湿，要开启电风扇加速地面的干燥，并根据季节的不同在幼儿来到教室后把风量调小或选择关闭风扇。

➢检查地面是否有容易导致幼儿磕绊或滑倒的物品。如果有，要把它们放在幼儿不易触及的角落或收起叠好，待有需要的时候再拿出来供幼儿使用。

➢在整理区角活动柜时，检查架子上的器材是否摆放稳当，检查电源插座盖是否盖好，是否有接线板放在幼儿可触及的高度，区角内投放的材料是否有易割伤或划伤幼儿的小零件、小工具。

(2) 如果当天要带幼儿到户外活动，那么在户外活动之前，要先特别检查一下户外的草地、大型玩具或玩沙玩水区，看看是否存在不安全的因素。如有尖锐的石块，要先清除；如有容易绊脚的绳子及其他物品，要挪到场地的边上，防止幼儿在奔跑过程中被绊倒磕伤；如木质荡桥上的螺丝松动，则需要拧紧；如玩沙玩水区有破损的塑料玩沙玩水工具，则要先收起来。

(3) 带领幼儿春游、秋游或到不太熟悉的地方活动时，要事先查看场地是否安全，尤其是池塘、小桥、台阶、楼梯拐角、上下车位置等，并提前规划好幼儿的出行路线。

(4) 定期检查幼儿的桌子和椅子，用手摸摸，仔细看看有无毛糙木刺；摇摇椅子，看看有无钉子松脱和椅子晃动的情况。如有，要先去维修后再使用。

细心观察幼儿

幼儿在园期间，你要眼观六路、耳听八方，时刻保持警惕之心。

(1) 对下列情况给予特殊关注：

- ➢ 对身体不适的幼儿给予特殊关注。比如，班级里哪个幼儿今天身体不舒服？家长送来时有什么特殊的叮嘱吗？带药来了吗？什么时候给该幼儿服药？幼儿现在的状况如何？
- ➢ 对幼儿的日常生活给予特殊关注。比如，幼儿如厕有没有把衣裤弄湿？盥洗室地面、洗手池台面有无积水？幼儿的衣服袖子有没有弄湿？饭菜是否太烫？幼儿进入午睡室有没有携带不安全的物品？午睡前，幼儿有没有取下发卡、挂坠等物品？此外，幼儿入睡后，你还要经常巡视，纠正幼儿的睡姿，听幼儿的呼吸声是否均匀，注意有无特殊情况，等等。
- ➢ 对幼儿的游戏、运动活动给予特殊关注。比如，在运动前检查幼儿着装是否合适？鞋带有没有松开？挂坠、围巾、帽子等配饰有没有除去？活动场地是否平整够大？游戏器材是否充足？

(2) 做好安全防护工作。针对上面这些问题，你应该采取下列行动，使自己成为幼儿眼中的细心老师。

- 仔细查阅幼儿来园时的家长需求记录本，弄清楚哪个幼儿在什么时间要吃什么药、吃多少剂量，有无经过保健医生审核和家长的签字确认。
- 盥洗室地面的积水及时用拖把拖干，洗手池台面用抹布擦干。可制作一些生动形象的标签，提醒幼儿别滑倒。
- 用餐时，要防止热汤、热饭烫到幼儿。夏天，特别是当幼儿吃面条、饺子等食物时，可提前分发再组织他们进餐。幼儿进餐时，不要催促他们，防止鱼刺、碎骨头等卡在喉咙或被食物噎着。
- 幼儿午睡时，要巡视查看，关注幼儿的睡姿，关注幼儿是否因为玩小东西而睡不着，或者出现闷头睡、钻到被子里睡等危险行为。留意幼儿睡觉时有无身体不舒服，如发烧、抽搐、出汗特别多等情况。情况特别严重时，要请保健医生查看并及时送医院就医。
- 晨间户外运动或体育课时，提醒幼儿不要穿太烦琐的衣服，佩戴的装饰物，如围巾、帽子、手套、发夹等尽量除去，以穿着简单为好。
- 对发育迟缓、动作协调能力差、性格孤僻、行为特殊、特别顽皮的幼儿，日常更需要格外关注。

夯实安全教育

除了为幼儿创设安全的环境之外，你还要培养幼儿的安全意识，教会他们自我保护。你可以试着这样做：

- 事先了解幼儿在幼儿园或者在教室中做哪些活动时容易发生意外事故，并牢记在心。然后，在区角创设一个安全教育宣传栏，把平时要注意的一些小细节画成图片贴在里面，起到提醒和警示的作用。

- 创编一些与安全有关的儿歌，在引导幼儿学习儿歌的过程中，让他们意识到安全的重要性。比如，“小眼睛，看仔细，红灯停，绿灯行，黄灯准备好，安安全全过马路”，等等。
- 外出活动时，要预先告知幼儿一些基本的安全规则和交通规则。比如，“不吃陌生人给的东西”“不随便跟着陌生人走”“眼睛不离开老师”“跟着队伍一起走”等。

周密安排外出活动

幼儿园每年会组织幼儿走出幼儿园进行一些活动，如春游、秋游、参观博物馆、到小朋友家中做客、参观小学、外出宣传等，此时最容易出现一些安全问题。你要做好下列准备，以防措手不及。

(1) 出发前的准备工作。

- 出行前告知幼儿要遵守交通规则，不离开队伍单独行动，不吃陌生人给的糖果饮料，不去触摸危险设施。同时可以让幼儿一起讨论说说小朋友在过马路时会遇到什么问题，要怎样解决才是最佳的办法。出发前与搭班老师、保育员做好分工，共同配合。
- 至少提前一天对外出场所进行勘察，了解哪些地方可能会有危险，万一有危险要怎么解决，制订好应急预案。
- 准备好一些常用药物和医疗物品，如创可贴、纱布、酒精棉球、风油精等，以备急用。
- 准备好此次外出活动的相关人员的联系方式，比如，本次外出活动带队负责人的电话、参观地负责人的电话、司机电话等，方便及时联系。
- 对中大班幼儿进行“如果不小心走失，看不到老师要怎么办”的安全教育。可以让幼儿找一个小伙伴，手拉手，相互提醒安全。
- 清点本次出行的幼儿人数。

(2) 出发坐车。

➢ 带幼儿过马路时，要带头遵守交通规则，不闯红灯。

➢ 出行时避开交通高峰期。

➢ 过马路时可以找几个人一起帮忙，或请交警协助自己，让幼儿安全过马路。

➢ 一定要确认没有车子才可以组织幼儿过马路，如有车子过来，宁可等待几分钟，确认安全后再快速组织幼儿过马路。

➢ 乘坐车辆时，教育幼儿不把头、手伸出窗外，不跪站在座位上。每个座位安排一个幼儿，并帮助他们系好安全带。第一排车座容易造成危险，不安排幼儿入座。

➢ 上车后清点出行幼儿的人数。

(3) 到达目的地。

➢ 下车后清点人数，不把幼儿遗留在车上。

➢ 告知幼儿不要去哪些地方，不可以做哪些事情。

➢ 把本次活动的目的告知幼儿，让他们清楚自己接下来要做的事情，以防幼儿离开集体。

➢ 组织好行进队伍，让幼儿手拉手走路。

(4) 活动过程中。

➢ 要时刻关注每一个幼儿，当行走到拐弯路面、上完厕所、参观完一个景点后要清点人数，看看有没有幼儿离开群体。

➢ 在活动过程中，要经常去查看较危险的地方有无幼儿停留。

➢ 休息时，要选择远离水池以及路人较多的不安全场所，告知幼儿不可以采摘花草树木及野果，以免发生中毒或过敏等情况。

(5) 活动结束后。

- 及时清点幼儿人数。
- 整理好幼儿的衣裤、鞋子、背包，顺便摸摸幼儿的口袋，看看他们是否携带了捡回来的异物。
- 看看、问问、了解幼儿有无不舒服的地方，防止有过敏情况发生。

交接班时要认真

交接班是幼儿教师每天都要面对的工作，你要认真仔细交代，了解清楚需要注意的事项。一些不必要的事故，可能就是由于你的疏忽大意造成的。

在交接班时，你要和搭班老师就下列情况进行交接：

- 出缺勤情况，清点幼儿的人数，对缺勤幼儿要了解其未出勤的原因。
- 在园幼儿的情绪及身体健康状况，需要特别留意观察幼儿的状况。
- 体弱儿的照顾情况，带药幼儿的服药情况及需要注意的事项。查看服药本上有无家长的委托签名、接收老师的签名、喂药老师的签名。
- 幼儿进餐情况，了解哪些幼儿不想吃饭或没有吃饭，是什么原因。
- 教育教学及活动情况，有无需要衔接的或特别要交代的情况。
- 有无事故发生，包括抓伤、破皮、淤青、小肿块等。
- 来园时家长有无特别交代的事情，如今天谁来接幼儿回家等。

“不怕一万，就怕万一。”只有在每天、每月、每学期的工作中踏实做好每一件事情，认真对待每一个细节，才能保障孩子的安全，预防意外事故的发生。

4. 幼儿常见意外事故的处理

幼儿生性好动，又缺乏生活经验，识别危险的能力不足，在日常活动中很容易出现各种意外。在工作期间，你遇到的最多的意外事故可能是外伤出血、被小动物咬伤、被蚊虫蜇伤，其次是骨折、脱臼、烫伤、中毒、抽搐等。很多时候，你是现场唯一的施救者，需要在第一时间沉着应对，冷静大胆且正确地处理这些意外情况。因此，掌握一些幼儿意外损伤的急救小知识很有必要。

被宠物咬伤或抓伤

春天到了，幼儿园饲养区或班级里经常会出现小白兔或小仓鼠等小动物，小朋友很喜欢带萝卜、青菜来喂它们，一不小心就会被抓到、咬到，严重的还会出血。现在家庭养宠物的现象也比较多，宠物对幼儿的伤害事件也随之增多。因此，在幼儿观察饲养的小动物时，要提醒他们特别小心，最好保持一定的距离。万一被抓破，皮肤出血，就要采取紧急护理措施。

如果幼儿的伤口很小，可以用大量的肥皂水反复冲洗伤口5分钟，冲洗时尽可能用力挤压周围软组织，设法把伤口中猫狗的唾液和血液冲洗干净，尽可能减少病毒的侵入。擦干后用碘酒对伤口进行消毒，以消除或杀灭污染伤口的狂犬病毒。处理好伤口后要立即带幼儿去防疫站，在医生的指导下注射狂犬疫苗和破伤风抗毒素。

如果伤口很深，出了较多血，应马上用纱布压住流血的地方，尽量把血止住，然后带幼儿到医院做详细检查。

当幼儿被动物咬伤后，应尽早带他们注射狂犬疫苗。注射疫苗要遵循

“早注射比晚注射好，迟注射比不注射好”的原则。首次注射疫苗的最佳时间是被咬伤后的48小时内。具体时间分别是于第0、3、7、14、30天各肌肉注射一针。

此外，你还要告知家长在注射疫苗期间，不要让幼儿喝浓茶、咖啡，也不要让幼儿吃一些刺激性食物；同时避免幼儿受凉、剧烈运动和过度疲劳，防止感冒。

被蚊虫咬伤或蜇伤

夏秋季天气炎热，幼儿的裸露皮肤较多，容易被蚊子、跳蚤、蚂蚁、蝎子、蜈蚣、蜜蜂等咬伤、蜇伤。一旦被这些虫子咬伤，就要及时处理。

幼儿被蚊子叮咬后，皮肤马上会起小红疙瘩，又痒又难受，可以先止痒，用花露水、清凉油来涂抹被叮咬的部位。对于症状较重或有皮肤感染的幼儿，可以服用抗生素，同时清洗、消毒被叮咬部位，适量涂抹红霉素软膏。很多时候幼儿会不由自主地抓挠发痒的皮肤，因此应该把他们的指甲剪短。

如果幼儿被毒虫咬伤，应查看有无毒刺或毒囊遗留，用消过毒的针或小刀挑出毒刺。避免用钳子取出，以防因挤压毒囊而吸入更多毒液。可冰敷肿胀部位，减轻水肿，用碘酒消毒，避免用创可贴等包裹伤口。如被毛虫蜇伤，可先用橡皮膏黏出毛刺，然后再消毒。

不小心把异物放到耳朵、嘴巴、鼻子里或者被异物呛到

幼儿对危险识别能力低，又充满强烈的探究好奇心理，因此会把小珠、小球、黄豆等放到鼻腔、耳朵里面，把拉链头放在嘴巴里面。另外，幼儿吃东西不专心，也很容易被呛到。一旦出现这些情况，你要具体情况具体对待。

(1) 鼻腔异物。对于能配合的幼儿，你可用手按住幼儿没有异物的鼻

孔，嘱咐他做擤鼻动作，或用棉签刺激幼儿的鼻腔，使其打喷嚏将异物喷出。经处理无效后，应立即把幼儿送往医院。对于年龄较小不能配合的幼儿，则应送医院处理。

（2）眼异物。你应该立即翻开幼儿的眼睑，滴眼药水将异物冲出或用消毒棉球蘸上生理盐水将异物拭走，不要用手擦揉。异物嵌入角膜或处理无效后，应立即送医院处理。

（3）外耳道异物。对于能配合的幼儿，可将他的头歪向异物侧，让他单脚跳，让异物自然脱落，也可用小镊子取出，不过取异物时一定要把幼儿的头固定住，以免幼儿乱动损伤鼓膜。若异物是活的小虫子，可以带幼儿到黑暗的房间用手电诱其自然爬出；若小虫子已死，可用滴耳油，让小虫子顺着滴耳油流出耳道。体积大的异物如取出困难，应立即送幼儿到医院处理。

（4）食管异物。体积较小、表面光滑的异物能通过胃肠道顺着粪便排出；异物较大、卡在食管的狭窄部位或是尖锐异物，应到医院处理。

（5）咽部异物。幼儿在吃鱼时，鱼刺容易卡在喉咙部位。如果幼儿能配合，可用镊子取出，若无法取出或幼儿不能配合，应立即送医院处理。千万不能使用吞咽饭团、吞馒头、喝醋的方法，这样会造成咽部的局部损伤或血管被鱼刺刺破。

（6）喉部、气管异物。较大的异物卡在喉部，可造成幼儿呼吸困难、急性喉梗阻而引起窒息。发现幼儿有声音嘶哑、呼吸困难的现象，应立即采取海姆立克急救法，即让幼儿上身前倾，你在幼儿身后，双手重叠拢在幼儿的上腹部，冲击性挤压，使其腹压增高，加大胸腔压力，促使幼儿的肺内产生强大气流，将异物从气管内冲出。异物进入气管内自然咳出的概率极低，一旦进入气管，应及时把幼儿送到医院处理。

意外骨折

幼儿天性活泼好动，在活动期间很容易因跌倒或撞击重物而发生骨折。据统计，儿童骨折约占骨科病人的三分之一。所以，你要学会判断幼儿是否发生了骨折，同时学会骨折后的紧急护理。

- 身体局部有疼痛和压痛感，活动后疼痛有所加重。
- 受伤部位有肿胀或瘀斑，严重时可出现肢体畸形，如缩短、扭曲、旋转等。
- 受伤部位出现全部或部分功能丧失。
- 身体活动反常，不该活动的地方活动了。
- 移动受伤部位时可听到骨断端的摩擦声。

只要出现上述症状中的一种或几种，就表明幼儿很有可能发生了骨折，那么你要立即采取措施，进行急救或求救。

首先，你要迅速且动作轻柔地检查幼儿全身的情况。如果幼儿面色苍白、出冷汗，脉搏快而弱，哭着喊口渴等，表明断骨刺破大血管而引起大出血，要紧急做止血处理。这时候，你需要保持镇定，不要惊慌，按照下列步骤来操作：

- 拨打 120 急救电话。
- 努力让幼儿保持平静。
- 不要随意移动幼儿，尤其是伤到头骨、臀部、骨盆、脊椎骨和大腿时。不要试图拉直受伤的胳膊或改变它的位置。
- 尽量不要让幼儿喝水或吃任何东西，做好万一动外科手术的准备。
- 如果失血严重，马上用消毒绷带或干净的纱布压住受伤部位止血。

有时候幼儿可以移动受伤的部位，这并不意味着幼儿没有骨折。如果幼儿伤了前臂或小腿，在医生没有来之前，你可以先用夹板固定受伤部位；如果伤了上臂或肩膀，你可以用丝巾或布做成一个三角形的悬挂带，用来兜住幼儿整个受伤的胳膊，避免伤情加重。你可以把悬挂带挂在幼儿未受伤的肩膀上，然后在脖子后打结。如左胳膊受伤，悬挂带要挂在脖子右侧。

至于上面说的夹板，其实你可以就地取材，利用比较坚硬的材料来制作，如木头、金属等。夹板要长于受伤的骨骼，这是为了固定受伤部位上边和下边的关节。可以在夹板上垫一块纱布或毛巾，使其柔软舒适，不致伤到幼儿的肌肤。再用布将夹板牢牢固定住幼儿受伤的部位，但是不要绑得太紧，以免影响血液循环。

在把幼儿送往医院后，医生会在幼儿的骨折处打上石膏，帮助其尽快恢复。期间，你要保护好幼儿的石膏，防止折断、脱落和受潮。受伤的肢体要尽量抬高，高度可稍超过平卧时幼儿的心脏部位，以便其静脉血液的回流，减少受伤部位的肿胀、疼痛，促使骨折愈合。对于骨折的肢体，还要在医生的指导下做早期功能锻炼。这样经过4周左右时间，一般都能恢复正常。

意外脱臼

意外脱臼，也叫“肘错位”。如在给幼儿穿衣服猛然牵拉幼儿的胳膊时，或者幼儿自己玩耍猛然牵拉胳膊时，都很容易发生意外脱臼。这时候幼儿会骤然啼哭不止或喊叫被牵拉的胳膊疼。此时，肘关节的桡骨处有压痛，局部无明显的肿胀或畸形。意外脱臼好发于4岁以下的幼儿，主要由于此年龄段的幼儿其桡骨上端尚未发育完全，肘关节囊及韧带都比较松弛薄弱。

冬季洗手时幼儿容易把袖口弄湿，很多时候，你或保育员会帮助幼儿把袖口往上拉。对于有脱臼史的幼儿，在协助其拉袖口时要注意动作轻柔，防止再次发生脱臼。

一旦幼儿发生脱臼，不必惊慌失措，在脱臼后的两三个小时内让关节恢复原状，对医生来讲还是比较容易的事情。如时间太久，周围组织就会肿胀，复原就会困难很多。

单纯的脱臼比骨折更疼痛，幼儿常常会大哭，这时要先安慰他，不能随意移动患肢，以免造成患部的二次伤害。可把大围巾折成三角形，然后把幼儿的手臂吊在脖子上送幼儿去医院。

复位后一般不需要固定，但是至少在两周内要避免用提物的方式，突然牵引幼儿的手臂或用粗鲁的动作给幼儿更换衣服，更不要拉着幼儿的手把他提起来，以免再次发生关节脱位而形成习惯性脱臼。当幼儿的手被拉直并保持手掌向上的姿势时最容易受伤。

烧烫伤

夏季幼儿穿衣少，皮肤外露，容易发生被热开水烫到或打翻热汤之类的事情。烧伤和烫伤会带来肉体和精神上的双重痛苦，甚至可威胁幼儿的生命。幼儿在被烫伤的一瞬间，你可能会惊慌失措。此时最要紧的是对伤处做出判断、识别，采取相应的措施。

当幼儿被烫伤时，你首先要冷静下来，采取各种紧急处理措施，尽可能降低烧烫伤对幼儿皮肤的伤害。如烫伤部位达到10%以上的伤口范围，或皮肤变焦黑或变白蜡状，则为深度烫伤，需要立即送幼儿去医院。

当幼儿被热液体烫伤后，你可以采取以下紧急护理措施：

- 冲：以流动自来水冲洗烫伤部位或把烫伤部位浸泡在冷水中，达到皮肤快速降温的目的，不可把冰块直接放在伤口上，以免皮肤组织受伤。
- 脱：充分浸泡伤口后，小心除去衣物，可用剪刀剪开衣物，并保留有黏连的部分。有水泡时，千万不可弄破。

➢泡：继续浸泡在冷水中至少 30 分钟，可减轻疼痛。但是烧伤面积大或年龄较小的幼儿不要浸泡太久，以免体温下降过快造成休克而延误治疗时机。当幼儿意识不清或叫不醒时，应停止浸泡，立即送往医院。

➢盖：用干净的床单、布单或纱布覆盖伤口，不要涂外用药，以免造成伤口感染。

➢送：即使幼儿只是受到轻微的烫伤，最好也要到设置有整形外科的医院求诊。

只要注意烫伤后的处理和及时治疗，幼儿可以少受很多痛苦，而且疤痕可以完全避免。